Barbara Cratzius

Herbst im Kindergarten

Barbara Cratzius

Herbst im Kindergarten

Mit vielen Illustrationen von Gertrud Schrör

Herder
Freiburg · Basel · Wien

Die Lieder dieses Buches von Paul G. Walter
sind zusammengefaßt in der Begleit-Kassette
„Der Herbst, der ist ein toller Mann"

Sie können diese MC käuflich erwerben bei
Musikbär Verlag Paul G. Walter, Eichenweg 15 a, 6905 Schriesheim,
Telefon 06 203/6 37 75.

2. Auflage

Weitere Autoren, deren Texte / Liedkompositionen in dieses Buch
aufgenommen wurden: G. Erhardt, H. Hoffmann, H. Ring, E. Scharafat, P. G. Walter, U. Weber.

Notengrafik: Herbert Ring
Fotos: D. Klaus, Seiten 23, 24, 25, 27 und 28
Kinderbild auf der Seite 22
Einbandfoto: Hartmut W. Schmidt

Herstellung: Freiburger Graphische Betriebe 1989
ISBN 3-451-21263-3

Wir laufen in die goldene Welt, kommt mit!

Sonne malt die Birnen gelb,
schau – die Äpfel in den Zweigen!
Komm hinaus mit uns aufs Feld,
wenn die bunten Drachen steigen!

Und wir zünden auf den Feldern
hell Kartoffelfeuer an,
prasselnd lodern auf die Flammen,
daß man weit es sehen kann.

Sonnenblumen leuchten golden,
Vogelzug nach Süden zieht,
Sonnenglanz am Himmelszelt,
schön ist unsre goldne Welt.

Der Herbst ist da – welche Fülle von Gaben bringt er uns! „Im Herbst ist alles aus Gold", heißt es in einem Gedicht von Georg Britting. Die Sonnenblumen schauen mit ihren vollen gelben Gesichtern hinter dem Gartenzaun hervor, die Astern versprühen ihre leuchtenden roten, blauen und violetten Farben; Pflaumen, Äpfel und Birnen werden reif; die Brombeerbüsche und Hagebuttensträucher laden zur Ernte ein, und in südlichen Gegenden reift der süße Wein. Der Herbst bringt uns mit den leuchtenden Farben der Blätter auch schöne Sonnentage und frischen Wind für die bunten Drachen.

Herbst – das ist eine Jahreszeit, so recht für Kinder gemacht. Gern stampfen sie durch das raschelnde Laub, helfen beim Pflaumenkuchenbacken und lassen ihre Drachen auf den Stoppelfeldern steigen.

Draußen in den Parks, auf den Wiesen und in den Wäldern gibt es für die Kinder so viel zu beobachten. Die Eichhörnchen hüpfen mit ihrem langen, buschigen Schwanz von Ast zu Ast und vergraben ihren Vorrat in ihren „Schatzkammern": Nüsse, Kerne, Bucheckern, Pilze und Beeren. Auf den Telegraphendrähten ver-

sammeln sich die Schwalben und Stare für ihren Flug nach dem Süden. Der Hamster und die Feldmäuse suchen eifrig Körner für den Winter.
Der Wind fegt die Kastanien, Eicheln und Bucheckern von den Bäumen. Die Kinder zaubern daraus die schönsten Figuren. – Regen-, Sturm- und Nebeltage sind für die Kinder neue aufregende Eindrücke. Je mehr es stürmt, regnet oder hagelt, desto stärker drängt es sie hinaus. Begeistert stapfen sie mit ihren Gummistiefeln in den Pfützen und nassen Wiesen herum.
Wenn das Wetter zu unfreundlich wird, ziehen wir uns mit den Kindern in die gemütliche Wärme des Hauses zurück und basteln und spielen. Der Herbst schenkt uns viele fröhliche Feste, die wir im Kindergarten feiern können: Erntedankfest, Laternenfest, Martinsfest; warum sollten wir nicht auch ein Apfelfest, ein Kastanienfest, ein Hagebuttenfest, ein Drachenfest miteinander vorbereiten?

Dieses Buch möchte viele Anregungen dazu geben. Die einzelnen Angebote können bausteinartig zusammengesetzt, ergänzt und erweitert werden, so daß die Herbsttage wirklich zu einem freudig begrüßten Erlebnis für die Kinder werden können.

Barbara Cratzius

Inhalt

Unter den obigen Kapitelüberschriften finden Sie an den angegebenen Seiten viele Texte und Gestaltungsvorschläge in der Reihenfolge des Buches.

Das nachfolgende Inhaltsverzeichnis will ihnen durch die Ordnung nach Stichworten die Suche nach bestimmten Texten und Gestaltungsvorschlägen erleichtern.

ABZÄHLVERSE

BASTELVORSCHLÄGE

(Herstellen verschiedener Dinge)

BEWEGUNGSSPIELE

BILDHAFTES GESTALTEN

ERZÄHLUNGEN – GESCHICHTEN

FINGERSPIELE

GEBETE

GEDICHTE

LIEDER

NATURBEOBACHTUNGEN

RÄTSEL

REZEPTE

SPIELE

(Sing-, Sprech-, Rollenspiele u. a., s. auch Bewegungsspiele)

WORTERGÄNZUNGEN

ZUNGENBRECHER

1 Hurra – der Herbst ist da!

Der Herbst

Der Herbst trampelt mit zornigen Schritten
über den kahlen Kartoffelacker.
Er greift in die Wolken
und zerrt sie tief hinunter,
daß sie ihm vors Gesicht hängen.

Die Drachen treibt er
hoch über die Häuser.
Mit den Heckenrosenbällen spielt er Fangen,
und den Kastanien steckt er grüne Stacheln an.
Die Bucheckern und Eicheln wirft er
hoch in die Luft
und schmeißt eine Handvoll
Blätter hinterher.
Den Schwalben auf den Telegraphendrähten
erklärt er den Reiseweg.
Den halben Tuschkasten gießt er über
die Laubbäume aus,
Nur das Grau behält er übrig.
Das braucht er noch
für den Nebel
im November.

Was der Herbst zu den Kindern sagt

Seid nicht traurig, daß der Sommer vorbei ist.
Bald wird's ganz fröhlich und bunt auf der Welt zugehen.
Die Trauben unter dem grünen Blätterdach will ich blau färben. Den grünen Äpfeln mal' ich fröhliche rote Backen an.
Horcht, wie die Kastanien und Eicheln ins Gras plumpsen!

Lustige Figuren könnt ihr euch damit bauen!
Und den frischen Herbstwind lass' ich über die Stoppelfelder brausen.
Hoch wird er eure Drachen wirbeln und die bunten Schwänze tanzen lassen!
Die Blätter an den Bäumen mal' ich mit meinen schönsten Farben an: rot und gelb und orange – das leuchtet in der Herbstsonne.
Die Sonnenblumen zieh' ich am Schopf, daß sie höher und höher wachsen und über die Zäune nicken.
Den Schwalben und Staren ruf' ich zu: Sammelt euch auf den Telegraphendrähten und stopft euch noch mal ordentlich die kleinen Bäuche voll! Denn bald geht's auf die große, große Reise weit übers Meer.
Zu den Igeln sagt er: Sucht euch bald einen großen Blätterhaufen für den kalten Winter.
Und ihr Hamster und Feldmäuse: Huscht übers Stoppelfeld und stopft euch die Backen voll mit den letzten Körnern! Der Winter, der kalte Winter kommt bald!
Und ihr Kinder könnt euch auf alles freuen – auf den fröhlichen bunten Herbst und auf den kalten weißen Schneewinter.

Zauberlied vom Herbst

Text: Barbara Cratzius Melodie: Paul G. Walter

2. Der Herbst, der ist ein toller Mann.
Weißt du, daß er zaubern kann?
Er schwenkt den Umhang weit umher.
Da sind die Felder alle leer.

3. Der Herbst, der ist ein toller Mann.
Weißt du, daß er zaubern kann?
Er streckt die Hände warnend hoch.
Da huscht die Maus ins Winterloch.

4. Der Herbst, der ist ein toller Mann.
Weißt du, daß er zaubern kann?
Er pfeift den Schwalben, Staren zu:
Nach Süden fliegt, ohn' Rast und Ruh!

5. Der Herbst, der ist ein toller Mann.
Weißt du, daß er zaubern kann?
Er reckt die Daumen hoch, so schau,
die Pflaumen macht er alle blau.

6. Der Herbst, der ist ein toller Mann.
Weiß du, daß er zaubern kann?
Er hebt den Pinsel hoch und lacht,
hat alle Blätter bunt gemacht.

7. Der Herbst, der ist ein toller Mann.
Weißt du, daß er zaubern kann?
Er zieht aus seinen Taschen schnell
den Regen und den Windgesell.

8. Der Herbst, der ist ein toller Mann.
Weißt du, daß er zaubern kann?
Er wirft uns freundlich zu zum Gruß
Kastanien, Eicheln vor den Fuß.

9. Der Herbst, der ist ein toller Mann.
Weißt du, daß er zaubern kann?
Ach, lieber Herbst, wir danken sehr,
komm bald zu uns doch wieder her!

Warum ich im Herbst so fröhlich bin

Ich schnupper' in die Luft,
aus der Küche ein Duft
nach Pflaumenkuchen,
den möcht' ich versuchen!
Und dann nichts wie raus
aus dem Haus!

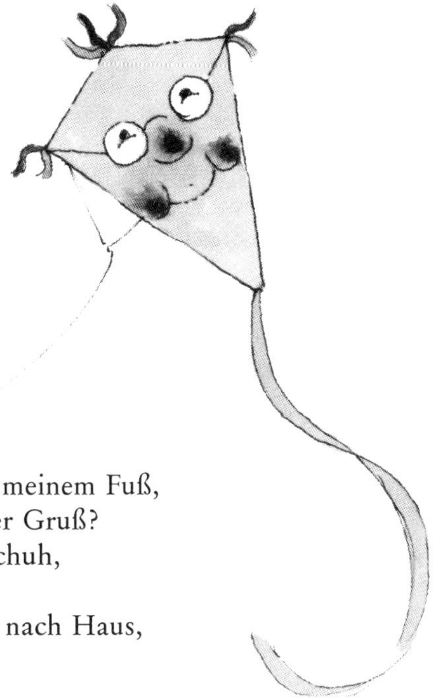

Der frische Herbstwind weht,
überm Stoppelfeld mein Drachen steht
mit flatterndem Schwanz
hin und her im fröhlichen Drachentanz.
Ich laufe mit
in schnellem Schritt.

Und es rischelt und raschelt unter meinem Fuß,
Kastanienbaum, kommt von dir der Gruß?
Da rollen Kastanien vor meinen Schuh,
danke, lieber Herbstwind, du.
Und Eicheln und Nüsse bring' ich nach Haus,
da bastel' ich mir Zwerge draus.

Und heute abend, wer hätt' das gedacht?
Ein Schleiervorhang – aus Nebel gemacht –
zieht vor meinem Fester hin.

Weißt du, warum ich so fröhlich bin?
Weil Herbst ist,
Nebel und Blätter und Drachenzeit!
Und die Martinslaternen leuchten von weit.

Die Geschichte vom fliegenden Robert

Wenn der Regen niederbraust,
Wenn der Sturm das Feld durchsaust,
Bleiben Mädchen oder Buben
Hübsch daheim in ihren Stuben.
Robert aber dachte: Nein!
Das muß draußen herrlich sein!
Und im Felde patschet er
Mit dem Regenschirm umher.

Hui, wie pfeift der Sturm und keucht,
Daß der Baum sich niederbeugt!
Seht! Den Schirm erfaßt der Wind,
Und der Robert fliegt geschwind
Durch die Luft so hoch, so weit.
Niemand hört ihn, wenn er schreit.
An die Wolken stößt er schon,
Und der Hut fliegt auch davon.

Schirm und Robert fliegen dort
Durch die Wolken immerfort.
Und der Hut fliegt weit voran,
Stößt zuletzt am Himmel an.
Wo der Wind sie hingetragen,
Ja, das weiß kein Mensch zu sagen.

(Heinrich Hoffmann)

Herbstwind ist ein wilder Mann

Herbstwind ist ein wilder Mann,
rüttelt mich, so sehr er kann.
Und schon purzel' ich ins Gras,
hoppla – richtig weh tut das!
Stachelig ist rings mein Fell,
zieh es aus mir, bitte schnell.
Und aus einem grünen Haus
purzelt ein brauner Geselle heraus.

(Kastanie)

*

Fünf Äpfel liegen auf dem Tisch,
fünf Äpfel, knackig, rot und – (frisch)

Doch viele Kinder im Kindergarten
auf die schönen süßen Äpfel – (warten)

Wie kann ich sie teilen?
1–2–3
Ich koche süßen Apfel – (brei)

Abzählverse im Herbst

Nebeltanz,
Katzenschwanz,
Pflaumenkuchen,
du mußt suchen.

Du bist ein frecher Frosch,
ich hau' dir in die Gosch.
Ich brate dich in Krötenspeck,
und du bist weg.

Hokuspokus,
Haselnuß,
Roter Apfel,
Tannenzapfen,
Pflaumenkuchen,
du mußt suchen.

Verse für Fingerdrucke

Jetzt drucken wir einen großen Kreis,
das ist die Herbstsonne, die scheint noch heiß.
Die Sonne ist hell, sie strahlt und strahlt,
hat alle Blumen bunt angemalt.
Die Astern drucken wir rot und blau,
die Sonnenblumen gelb und braun, so schau.

Nun drucken wir einen großen Baum,
die Krone siehst du vor Blättern kaum.
So viele Blätter dicht an dicht,
und rote Vogelbeeren vergessen wir nicht.

Nun drucken wir einen Pflaumenbaum,
und viele Früchte, Pflaum an Pflaum.

Der Kastanienbaum, der kommt nun dran,
da hängen wir viele Kastanien dran.
Die Blätter werden ganz bunt gemacht,
das hat der Herbst sich so ausgedacht,
Der kommt mit braunem Farbtopf her,
malt die Blätter braunrot – immer mehr.
Da ruft der Herbststurm: „Fliegt fort mit mir!“
Doch bei uns bleiben sie schön hier – auf dem Papier!

Mal ein Bild von September, Oktober, November, Dezember

Der SEPTEMBER macht uns Freude,
hoch am Himmel Drachen stehn,
zappeln an den langen Bändern,
wenn die starken Winde wehn.

Mal dem Drachen lust'ge Augen,
und die vielen Schleifen bunt,
und dann mal mit roter Farbe
ihm den breiten Drachenmund.

Stoppelfelder kannst du zeichnen
und die Trauben reif und blau,
Brombeerhecken, Birnenbäume,
komm nach draußen, Kind, und schau!

Der OKTOBER wird schon kälter!
Hol den Anorak schnell her!
Mal die Mütze, den Pullover,
Regenschirm, das ist nicht schwer!

Goldene Kartoffelfeuer,
laß sie flackern, leuchten weit,
und die Zugvögel dann ziehen
südwärts, denn nun ist es Zeit.

Mal die letzten Spinnennetze
und den Schmetterling zum Schluß,
auch den Käfer und den Maulwurf,
alles sich verkriechen muß.

Im NOVEMBER kommt der Nebel,
dieser Monat ist nicht blau,
schwarze Farbe misch mit Wasser,
diesen Monat malst du grau.

Menschen mit den Regenschirmen,
Autos dann mit mattem Licht,
Schülerlotsen mit der Kelle,
denn die Ampel sieht man nicht.

Alles ist im Grau verschwommen,
doch von weitem scheint ein Licht.
Bald brennt nun die erste Kerze,
Nikolaus, vergiß uns nicht!

Hol Papier und Stifte her,
der DEZEMBER lädt dich ein,
alle wollen Bilder haben,
und du mußt ganz fleißig sein!

Engel, Schafe und die Hirten
und der Stall mit gold'nem Stern,
auch Kamele, Esel, Pferde,
und die Könige von fern.

Nikolaus mit großem Schlitten,
bunt geschmückt der Tannenbaum.
Niklaus, alle Kinder bitten,
kommst du auch nicht nur im Traum?

Schlepp den großen Sack, den schweren
doch recht bald in unser Haus!
Schöne Bilder will ich malen,
sei ein fleiß'ger Nikolaus!

Ich geh' mit meiner Laterne

Text: Barbara Cratzius
Melodie: Paul G. Walter

Dieses Lied kann auch nach der bekannten norddeutschen Laternenmelodie gesungen werden: „Ich geh' mit meiner Laterne."

2. Ich geh' mit meiner Laterne,
da glänzen Strauch und Baum.
Ich weck' mit meiner Laterne
die Vöglein auf im Traum.
Mein Licht ...

3. Ich geh' mit meiner Laterne,
doch bin ich nicht allein,
denn alle meine Freunde,
die laufen hinterdrein.
Mein Licht ...

4. Ich geh' mit meiner Laterne,
doch lauf' ich nicht allein,
mein Hund und auch mein Kätzchen,
die springen hinterdrein.
Mein Licht ...

5. Ich geh' mit meiner Laterne,
ich lauf' noch bis um zehn.
Ich lass' die Kerze brennen,
will nicht ins Bettchen gehn.
Mein Licht ...

6. Ich geh' mit meiner Laterne,
doch nun muß ich nach Haus.
Ich puste sacht die Kerze
an meiner Laterne aus.
Mein Licht ...

2 Wenn die „Neuen“ kommen!

Für die Aufnahme der Neuen werden sich in jedem Kindergarten verschiedene Modelle herausbilden. In manchen Kindergärten werden die Neuen nach und nach behutsam in einer Gruppe eingeführt, indem sie immer nur für kurze Zeit, zusammen mit der Mutter, besuchsweise zum Spielen kommen, bis sie sich allmählich an die neue Umgebung und die noch fremden Kinder gewöhnt haben. Die älteren Kinder können oft kleine Patenschaften übernehmen, indem sie den Neuen in den ersten Tagen behilflich sind: beim An- und Ausziehen, beim Spielen in der Spielecke, beim Zeigen des Waschraums usw. Ich möchte in diesem Kapitel einige Spiele und Lieder und Geschichten vorstellen, die den Eintritt in die Gruppe erleichtern sollen, Ängste abbauen, auf Gefahren bei Straßenverkehr hinweisen (Ampellied), und den neuen Kindern zeigen: Du bist in unserm Kreis willkommen! Wir freuen uns auf dich! Du wirst bei uns fröhlich spielen und Neues erleben können!

Wir bauen einen neuen Kindergarten

Die „Handwerker“ kommen mit Schaufeln und Spaten auf die Bühne gezogen und singen auf die Melodie: „Ein Vogel wollte Hochzeit machen“:

(Kinderzeichnung)

Wir bauen einen Kindergarten,
der soll der allerschönste sein,
mit Schaufeln und Eimern,
mit Teddys und Puppen,
fiderallalalala.

Wir bauen einen Kindergarten,
der soll der allerschönste sein,
mit Sandkästen und Bällen,
mit Tischen und Stühlen,
fiderallalalala.

Wir bauen einen Kindergarten,
der soll der allerschönste sein,
mit Rutschen und Schaukeln,
mit Schellen und Trommeln,
fiderallalalala.

Wir bauen einen Kindergarten,
der soll der allerschönste sein,
mit Großmutter und Kasper
und dem grünen Krokodil,
fiderallalalala.

Wir bauen einen Kindergarten,
der soll der allerschönste sein,
und du und ich,
und alle hier
ziehen heute froh hinein.

Großer Tusch mit dem Becken, Handwerker ziehen wieder ab. Der Architekt kommt mit einem Go-Kart, das mit bunter Pappe zum „Auto" umfunktioniert ist, auf die Bühne gefahren. Er steigt aus, setzt seinen Helm auf, holt Zollstock und Bauplan heraus.

Architekt
Ihr wollt einen Kindergarten haben,
hell und schön und groß?
Na – dann fangt gleich an zu graben,
an die Arbeit – los!

Ich bin der große Architekt,
berühmt wohl – nah und fern!
Ich soll 'nen neuen Kindergarten bauen?
Den konstruier' ich gern!

Er macht große Sprünge, mißt aus, rechnet ...

Ich messe, rechne schwer, ob diese Strecke reicht.
Ich zeichne hin, ich zeichne her, das Planen ist nicht leicht.

Für dieses Spiel wurden große Obst- und Margarinekartons als „Mauersteine" angemalt. Das Dachgerüst wurde von Eltern aus Holzlatten gebaut, auf die bemalte Pappe geklebt wurde. Die Helme wurden von Baustellen ausgeliehen.

Doch – wer soll denn das bezahlen?
Wer weiß von euch Rat?
Ich frag' mal unsern Bürgermeister,
ob der das Geld wohl hat?

Bürgermeister kommt sorgenvoll herbei, dreht seine großen leeren Hosentaschen um.

Bürgermeister	Schon wieder eine neue Rechnung, seht – die Taschen sind ganz leer!
Architekt	Unsre Kinder sollen doch spielen!
Bürgermeister	Oh – wir müssen sparen sehr! Woher soll das Geld denn kommen? Die Gemeinde ist nicht reich! Doch der Kindergarten, der ist wichtig. Kommt her – ich zahle gleich!
Architekt	Ihr Bauarbeiter, schnell herbei, los – steckt den Spaten ein! So sputet euch! Grabt 1–2–3! Das soll der schönste Kindergarten sein!

Die Maurer kommen mit Schaufeln und Spaten, Maurerkellen, Mau-

rerbütt wieder herangezogen und fangen pantomimisch an zu graben, dazu singen alle:

Chor, Zuschauer, Handwerker	Wer will fleißige Handwerker sehn, der muß zu uns Kindern gehn. Grabet fein, grabet fein, der Kindergarten muß bald fertig sein!

Danach freier Dialog, möglichst in ortsgebundenem Platt oder Dialekt

Mensch – ist das heute 'ne Hitze.
Schufterei!
Willst noch 'n Bier haben!
Macht mal Pause ...
Der Alte kommt, das gibt wieder Meckerei ...

Ausgedehnter freier Dialog über den „harten" Maurerstand

Lied	Wer will fleißige Handwerker sehn, der muß zu uns Kindern gehn. Grabet fein ...
1. Arbeiter	So, das ist ein tiefes Loch!
2. Arbeiter	Jetzt macht es schön eben!
3. Arbeiter	Wir kriegen unsern Kindergarten doch!
4. Arbeiter	Die Maurersleute sollen leben!

Es wird eine lange Kette für die „Mauersteine" – gleich große Pappkartons – gebildet.

5. Arbeiter	Los – jetzt holt die Steine her!
6. Arbeiter	Rührt den Mörtel an!
7. Arbeiter	Oh – die sind vielleicht heut schwer!
8. Arbeiter	Schneller – alle Mann!
Lied	Wer will fleißige Handwerker sehn, der muß ... Stein auf Stein, Stein auf Stein, der Kindergarten muß bald fertig sein.
1. Arbeiter	Mensch – da ist ja schief die Mauer!
2. Arbeiter	Macht die Wände gerade!
4. Arbeiter	Sonst ist's nicht von langer Dauer, und das wär' doch schade!
Lied	Wer will fleißige Handwerker sehn, der muß ... Mauert fein, mauert fein, der Kindergarten muß bald fertig sein!
5. Arbeiter	Mann, wir haben die Fenster vergessen, die Sonne muß doch rein!
6. Arbeiter	Los, Sandra (beliebiger Name), die Fenster vermessen, und mach sie nicht zu klein!

Fenster werden herausgelöst.

Lied	Wer will fleißige Handwerker sehn, der muß ... Fenster rein, Fenster rein, der Kindergarten muß bald fertig sein!
7. Arbeiter	Und da fehlt ja noch die Tür!
8. Arbeiter	Die malen wir recht groß!
1. Arbeiter	So – da steht sie fertig hier –
2. Arbeiter	mit dem schweren Schloß.

Das Türelement wird hereingetragen.

Lied — Wer will fleißige Handwerker sehn,
der muß ...
Tür hinein, Tür hinein
der Kindergarten muß bald fertig sein.

3. Arbeiter — So – nun bringt das Dach doch her!

4. Arbeiter — Malt die Ziegel schnell!

5. Arbeiter — Mensch – das Dach, das ist so schwer,
komm' kaum von der Stell'!

Dachaufbau wird aufgesetzt.

6. Arbeiter — Los – die Leiter bringt nun an!

7. Arbeiter — Schnell hinaufgestiegen!

8. Arbeiter — Das ist Knochenarbeit, Mann,
was mag das wohl wiegen!

Die Leiter wird vor das Dach gestellt, mit dem Pinsel die „Ziegel" nachgemalt oder mit der Maurerkelle „Mörtel" ausgestrichen.

Lied — Wer will fleißige Handwerker sehn,
der muß ...
Ziegel fein, Ziegel fein,
das Dach, das wird bald fertig sein!

1. Arbeiter — Und ein schöner Richtkranz muß
noch im Winde wehen!

2. Arbeiter	Bringt den Richtkranz her zum Schluß, den sollen alle sehen!
Lied	Flattern vom Mast ... (oder ähnliches Lied)
3. Arbeiter	Doch der Kindergarten ist noch leer!
4. Arbeiter	Wer schließt ihn wohl auf?
5. Arbeiter	Holt mal schnell den Schlüssel her.
6. Arbeiter	Los ... (Jörg-Peter) ... lauf!

Ein großer Pappschlüssel wird gebracht.

7. Arbeiter	Ja, ich hol' ihn schon herbei ...
8. Arbeiter	... und es ruft der Chor:
Alle	Frau ..., jetzt bitte, 1–2–3, schließen Sie auf das Tor!
Lied	Wer will fleißige Handwerker sehn, der muß in den Kindergarten gehn. Tretet ein, tretet ein, der Kindergarten wird jetzt fertig sein!

Alle Kinder kommen durch das Tor – dazu Orff-Instrumente.

Kind – Mädchen	Unsern Kindergarten wir nun haben, und wir können uns so freun.

Dieses Stück eignet sich sehr gut zur Begrüßung der Neuen im Kindergarten, ebenso auch für die Verabschiedung der Schulanfänger (dann muß der Text etwas umgeschrieben werden – „neue Schule"). Es können sehr gut eigene örtliche Gegebenheiten in das Stück eingebaut werden.

Fertig ist das Mauern, Graben,
unsre Kinder ziehen ein!

Kind – Junge Wir haben gebaut ein schönes Nest,
wie ein Vogel hoch im Baum.
Nun feiern wir ein fröhliches Fest
zusammen in diesem Raum.

Alle Kinder tanzen um das Gebäude herum, dazu wird von allen gesungen: Ein Vogel wollte Hochzeit machen ...

Der Kasper begrüßt die Kinder

In manchen Kindergärten werden die Neuen mit einem Kasperspiel begrüßt. Der Kasper kann mit lustigen Versen zu Beginn die einzelnen Kinder ansprechen.

1. Hurra, hurra, hurra,
der ... ist nun da!
Wir freuen uns im ganzen Land
und nehmen ihn an unsre Hand.
Hurra, hurra, hurra,
der ... ist nun da!

2. Hurra, hurra, hurra,
die ... ist nun da!
Wir laden unsre ... ein,
nun komm in unsern Kreis herein!
Hurra, hurra, hurra,
die ... ist nun da!

3. Hurra, hurra, hurra,
... ist nun da!
Im Kindergarten ist es schön,
und keiner will nach Hause gehn.
Hurra, hurra, hurra!
... ist nun da!

4. Hurra, hurra, hurra,
... ist nun da!
Wir spielen hier tagaus, tagein,
und keiner soll alleine sein!
Hurra, hurra, hurra!
... ist nun da!

5. Hurra, hurra, hurra,
... ist nun da!
Wir winken dir mit unserm Hut,
bei uns gefällt dir's sicher gut!
Hurra, hurra, hurra!
... ist nun da!

Spiellied von der Schnecke

Text: Barbara Cratzius
Melodie: Paul G. Walter

3. Manchmal bin ich eine Schnecke,
mach' die Augen zu.
Niemand soll im Haus mich stören,
ich will endlich meine Ruh!

4. Manchmal möcht' ich andre sehen
und kriech' aus dem Haus,
möchte mit euch allen spielen,
ich streck' meine Fühler aus.

5. |: Und dann tanzen alle Schnecken.
Keiner bleibt allein.
Alle unsre neuen Kinder
sollen mit uns fröhlich sein! :|

Spielvorschlag: Einige Kinder hocken als Schnecken zusammengerollt in der Mitte des Kreises. Die gleiche Anzahl Kinder aus dem Außenkreis geht um die „Schneckenhäuser" herum und versucht die Schnecken herauszulocken (durch Berühren, sanftes Streicheln ...). In der vorletzten Strophe strecken die Schneckenkinder vorsichtig ihre „Fühler", ihre Hände aus und tanzen mit den Kindern, die sie aufgeweckt haben, herum.

Mein rechter Stuhl ist leer

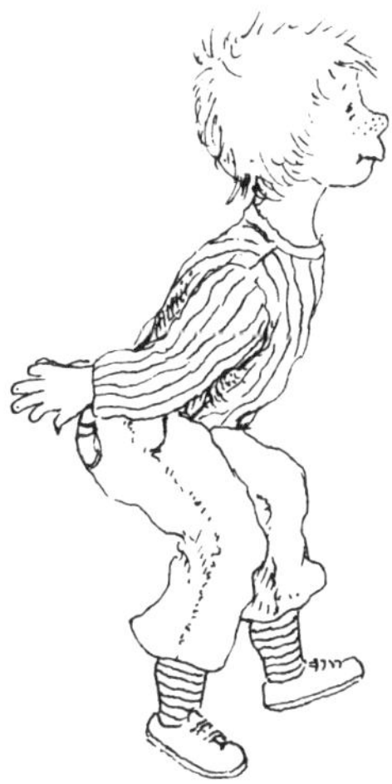

Dieses Spiel lädt zum Lauschen ein. Jedes Kind darf ein Tier darstellen und sich die entsprechenden Tierlaute überlegen: Katze, Hund, Schwein, Maus, Schaf, Schlange, Pferd, Specht, Frosch, Biene.

Die Erzieherin ruft: „Mein rechter Stuhl ist leer, ich wünsche mir die Katze her." Die Katze kommt angeflitzt, miaut und setzt sich auf den Stuhl. Nun fährt das Kind links neben dem frei gewordenen Stuhl fort.
Es gibt auch stumme Tiere, Fledermaus, Fisch, Maulwurf, Schnecke. Die stummen Tiere stellen sich pantomimisch vor.

Der große Tanzkreis der Tiere

Die Erzieherin steht in der Mitte des Stuhlkreises und lockt die Kinder herbei, die gemäß ihres Tierverhaltens sich zum Innenkreis bewegen.

Stampf heran, du Elefant, reich mir deine große Hand!
Hüpf herein, du Frosch vom Teich, tanzen wollen wir sogleich.
Spring herzu, Bello du, du gehörst auch mit dazu.
Trab herein, du Esel grau, alle warten, komm und schau!
Flieg herbei, du Spatzenkind, alle tanzen wir geschwind.
Auch der Bär, der trabt herzu, sei schön brav, du Brummbär, du.
Und es springt das weiße Schaf, das ist lieb und weich und brav.
Löwe, schleich du leis herbei, für dich ist ein Platz noch frei.
Tiger auf vier schnellen Pfoten, Eintritt ist hier nicht verboten.
Und du kleine graue Katz, überall ist hier noch Platz!
Das Kamel, das schwankt heran, daß es auch mittanzen kann.
Und die Schnecke kriecht herbei: Langsam, langsam, 1–2–3.
Auch der Hase hoppelt mit: Hoppel, hoppel, gleich im Schritt.

Lied: Kommt zum Kinderkreis herein,
keiner bleibt heut ganz allein.
Alle Tiere groß und klein,
sollen heut willkommen sein.

Melodie: Wer will fleißige Handwerker sehn …

Weiß, schwarz, rot – ist alles schön, wenn wir uns nur gut verstehn

„Mami, wir haben eine Neue in die Gruppe bekommen!" ruft Ingrid ganz aufgeregt. „Die sieht vielleicht komisch aus! Nicole heißt sie. Ganz krause Haare hat sie, braune Haut und ganz lange Arme und Beine. Die kann schneller rennen als wir alle. Aber irgendwie ist sie ganz böse und gemein. Sie haut immer gleich los, wenn wir sie länger angucken. Ich glaube, eine richtige Freundin wird sie so leicht nicht kriegen. Bis jetzt mögen wir sie alle nicht leiden!"
„Was meinst du, wie sie sich freut, wenn einer anfängt, mit ihr zu spielen! Dann merkt ihr bestimmt, daß sie auch ganz lieb sein kann", sagt Mutter.
„Ich kenne eine Geschichte von einer roten Katze, mit der hat auch keiner spielen wollen, und da ist sie ganz böse geworden.
Maunzi hieß sie, und sie hatte ein wunderschönes weiches rotbraunes Fell. Über dem kleinen Näschen saß ein heller weißer Fleck, und ihre Pfötchen waren auch weiß. Das sah so lustig aus. – Aber ihre vier Geschwister waren ganz grau, richtige freche Tigerkatzen. Immer wieder schubsten sie das kleine Schwesterchen mit dem roten Fell weg. Es konnte sich nicht mal richtig satt trinken bei der Katzenmutter.
‚Warum müssen die andern dich immer ärgern!' mauzte die Alte leise. ‚Du kannst doch nichts dafür, daß dein Vater ein so schöner großer Kater ist. Was der für einen schönen roten Katzenkopf hat. Und der buschige Schwanz! Fast wie ein Eichhörnchen! Und klettern kann der!'
Maunzi mauzte leise. Ganz hungrig und durstig war sie. Die Mutter fuhr ihr zärtlich mit der Zunge übers Fell. ‚Meine schöne kleine Maunzi!' schnurrte sie. ‚Komm, ich leck' dir dein krankes Öhrchen, dann tut

es nicht mehr so weh! Da hat dich doch gestern der Bello so gebissen! Die andern haben sich schnell unter die großen Baumstämme retten können, aber dich hat der Bello doch noch erwischt.‘

Maunzi schmiegte sich in das weiche Fell der Mutter. Ja, hier ist es so schön gemütlich.
Aber da tönte es schon wieder höhnisch vom Heuboden herunter:

> Maunzi, Maunzi, rot und braun,
> bist so häßlich anzuschaun.
> Maunzi, dummes Katzentier,
> keiner lacht und spielt mit dir.

‚So, nun hört auf mit euren dummen Liedern!‘ schimpfte die Mutter. ‚Kommt her, ihr sollt noch viel lernen! Heute wollen wir üben, wie man sich an die Beute heranschleicht.
Ich bin gespannt, wer von euch die erste Maus und den ersten Vogel fangen wird! Los, duckt euch ganz tief auf den Boden! Nicht bewegen! Versucht, den Schwanz ruhig zu halten. Der darf nicht hin- und herzucken! Und ganz leise vorwärtsschleichen! Die Tatzen einziehen, die Mäuse hören das kleinste Kratzen.
Dann zusammenducken! Und vorwärts! Hochgesprungen! Fein, Pucki, du kommst am weitesten! Und du warst auch ganz schnell, meine liebe Maunzi.
Wenn ihr hochspringt, dreht euch in der Luft, daß ihr nicht auf den Rücken fallt! Immer auf den Pfoten landen! So könnt ihr von einer hohen Mauer herunterspringen und tut euch nicht weh!
Wie gut, daß ihr alle vier grau seid. Ihr könnt euch gut im Gestrüpp verstecken.‘

‚Warum hab’ ich bloß so ein auffälliges rotes Fell!‘ sagte Maunzi traurig. ‚Warum kann ich nicht grau sein wie die andern!‘
‚Du mußt eben noch geschickter und noch schneller sein‘, tröstete sie die Mutter. ‚Dann wirst du doch mal eine richtige Mäusekatze!‘

‚Glaubt doch das nicht!' rief Panther und fauchte Maunzi an. ‚Wenn die Mäuse dich nur von weitem hören, dann laufen sie schon weg!'
‚Kommt, singt noch mal das lustige Mäuselied!' miaute Panther. Und dann mauzten alle vier los:

Mäuschen, seht euch alle vor,
Maunzi hat ein Loch im Ohr.
Hört, ihr Mäuschen dort im Speck,
springt und lauft doch alle weg!

‚Und ich hab' mir noch eine Strophe für die Vögel ausgedacht', mauzte Schnurri. ‚Hört mal zu!'

Maunzi, Maunzi, kleine Schwester,
schleicht sich gern an Vogelnester.
Doch sie hat ein rotes Fell,
Vögel, fliegt doch fort ganz schnell!

‚Und wenn Bello auf den Hof kommt, dann machen wir uns ganz dünn, kriechen unter den Schuppen und mauzen ihm das Hundelied vor!' rief Schnuffi schadenfroh.

Bello, lieber Bello du,
laß uns Kätzchen doch in Ruh.
Jag die böse Maunzi dort,
siehst du, da springt sie schon fort.

Maunzi sträubte das Fell vor Wut. Sie knurrte ganz böse. Mit einem großen Satz sprang sie auf die Geschwister los, aber die waren schon auf das Hühnerdach geklettert und sangen für die Kinder auf dem Bauernhof:

Liebe Kinder, hört uns zu!
Macht doch schnell die Türen zu!
Maunzi, die hat scharfe Tatzen,
sie will beißen euch und kratzen.
Seht uns graue Kätzchen hier,
stellt uns Milch doch vor die Tür!

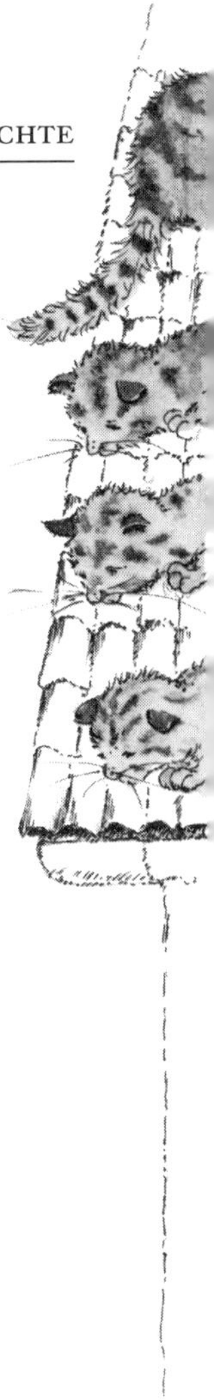

Maunzi fauchte und sprang auf die graue Tigerkätzchen los.
Jetzt hatte sie Pucki am Schwanz erwischt und biß in sein graues Tigerfell. Pucki jaulte auf und kratzte zurück. Fauchend und beißend purzelten die beiden übereinander – ein graues und ein rotes Knäuel.
Da sprang Panther hinzu und erwischte Maunzis Schwanzspitze.
Maunzi heulte auf. Immer wütender, immer wilder wurde sie – eine richtige Wildkatze.
‚Hört doch auf!‘ jammerte die Mutter.
Nun war Maunzi ganz erschöpft vom vielen Kratzen und Beißen. Sie kroch unter die Regentonne und leckte sich die Pfoten. Die taten so weh!
‚Komm doch! Komm doch!‘ hörte sie auf einmal eine ganz liebe weiche Stimme. ‚So ein schönes Kätzchen hab' ich noch nie gesehen! Und so ein dichtes rotes Fell! Mutti, darf ich sie mitnehmen? Du hast mir doch zum Geburtstag eine Katze versprochen.‘
Nein, nicht die grauen dort! Diese hier – das ist die schönste!‘
Zögernd streckte Maunzi ein Pfötchen vor, dann noch eine, kam langsam näher und strich vorsichtig um die kleinen Kinderbeine.
Wie weich die Hand war!
‚Du sollst es gut bei uns haben!‘ sagte das kleine Mädchen. ‚Dein Körbchen steht in meinem Zimmer, und du kriegst ein ganz weiches Kissen. Und Milch und Fressen, soviel du magst.‘
Maunzi streckte den buschigen Schwanz hoch und schnurrte.
Als das kleine Mädchen das rote Kätzchen auf den Arm nahm, schlichen die grauen Geschwister vorsichtig näher heran.
‚Bleibt ihr nur hier!‘ rief Maunzi. Und dann mauzte sie ihr schönstes Katzenlied:

Bleibt nur hier, ihr grauen Katzen,

ihr sollt mich nicht länger kratzen.
Jetzt lacht keine mich mehr aus,
endlich hab' ich ein Zuhaus.
Jemand sagt: Ich mag dich sehr!
Nun bin ich nicht häßlich mehr.
Grau und rot ist alles schön,
wenn wir uns nur gut verstehn.
Bin ein hübsches Katzentier,
liebes Kind, ich danke dir.

Die vier grauen Katzen guckten ganz enttäuscht dem Auto nach, das hinter der nächsten Wegbiegung verschwand.
,Wer hätte das gedacht!' mauzte Pucki leise.
,Wie langweilig wird das jetzt bei uns sein, wenn wir keinen mehr zum Ärgern haben!' miaute Panther. ,Schade, daß wir nicht so ein schönes rotes Fell haben! Warum müssen wir bloß alle grau sein!'"

„Ist die Geschichte schon aus?" fragt Ingrid ganz enttäuscht!
„Du – das letzte Lied finde ich so schön! Wollen wir das noch mal zusammen singen?"
„Gut", sagt Mutter, „jetzt können wir aus dem Katzenlied auch ein Menschenlied machen!"
„Du – das paßt dann gleich für unsre neue Nicole!" ruft Ingrid fröhlich.

Jemand sagt: Ich mag dich sehr!
Nun bin ich nicht häßlich mehr.
Weiß, schwarz, rot – ist alles schön,
wenn wir uns nur gut verstehn!

Das Rutschespiel

Immer weiter, immer höher
auf der Ri-ra-Rutschebahn.
Und nun stehen wir ganz oben
schaun die große Welt uns an.

Ri-ra-runter – Rutschebahn,
wer kommt wohl als erster an?

Die Kinder sitzen im Stuhlkreis. Mit den Fingern der rechten Hand klettern sie textgemäß den linken Arm des Nachbarkindes hoch. Oben werden die Finger gespreizt und „schauen in die Runde". Dann rutscht die Hand schnell wieder den Arm hinunter. So geht das Spiel weiter, jedes Kind ist abwechselnd der passive und aktive Teil.

Ein Aufwachspiel

Erfahrungsgemäß sind viele Kindergartenkinder, die oft sehr früh – vor dem Arbeitsbeginn der berufstätigen Mutter – gebracht werden, noch sehr müde. Dieses kleine Aufwachspiel, bei dem die Namen immer wieder verändert werden, kann ein fröhlicher Einstieg in den Kindergartentag sein.

Bei diesem Aufwachspiel können außer Tanja (deren Rolle möglichst viele Kinder einmal spielen sollten) auch die übrigen beteiligt sein.
Alle Kinder lassen den Wecker rasseln (verschiedene Instrumente ausprobieren).
Alle Kinder sind zwitschernde Vögel.
Mehrere Kinder sind Sonnenstrahlen, die einmal kitzeln dürfen.
Miezekatze, Hund, Mutter werden abwechselnd von verschiedenen Kindern gespielt.
Beim Schlußlied können noch viele neue Strophen selbst entwickelt werden.

Der Wecker rasselt.

Alle: Tanja, aufstehen! Aber Tanja schläft weiter.

Die Vögel zwitschern im Garten.

Alle: Tanja, aufstehen! Aber Tanja schläft weiter.

Die Sonne kitzelt mit ihren Strahlen Tanjas Nase.

Alle: Tanja, aufstehen! Aber Tanja schläft weiter.

Die Miezekatze schnurrt um die Stuhlbeine und miaut.

Alle: Tanja, aufstehen! Aber Tanja schläft weiter.

Harras, der Schäferhund, kratzt an der Tür und bellt.

Alle: Tanja, aufstehen! Aber Tanja schläft weiter.

Mutter kommt ans Bett und ruft:

Alle: Tanja, aufstehen! Aber Tanja schläft weiter.

Da bringt Mutter den großen Schwamm mit:

Alle: (mit Instrumenten) Tropf, tropf, tropf. Da springt Tanja aus dem Bett.

Alle Kinder springen auf ... rufen durcheinander brrr, brrr, brrr, tanzen herum, danach Kreislied nach der Melodie: Dornröschen war ein schönes Kind ...

Nun sind sie alle aufgewacht – und alle mit.
Nun laufen wir im Kreis herum – und alle mit.
Nun singen wir das Morgenlied – und alle mit.
Nun essen wir das Frühstücksbrot – und alle mit.
Nun laufen wir zum Garten raus – und alle mit.

Wir binden einen Kranz

Spiellied

Wir pflücken einen Strauß,
und wir binden einen Kranz.
Unsrer ... hübsch und fein
soll der Kranz gebunden sein.

Oder: Unserm ... hübsch und fein
soll der Kranz gebunden sein.

Wir öffnen nun den Kreis,
und wir lösen unsern Kranz.
Unsrer (unserm) ... hübsch und fein
soll der Kranz gelöset sein.

Zunächst bilden die Kinder einen Kreis. Das Kind, dessen Name gesungen wird, reicht seinen Nachbarn die gekreuzten Arme. Wenn alle Kinder die Arme gekreuzt haben, wird der Kreis wieder geöffnet und der Kranz gelöst, indem die 2. Strophe gesungen wird.

Kleines Bewegungsspiel

Liedtext: Ich gehe rundherum im Kreis
und komm' zu dir.
Und wer ein neues Spielchen weiß,
der folge mir.

Melodie: Alle meine Entchen

Die Kinder gehen im Kreis herum. In Gegenrichtung geht ein Kind, tippt ein Kind aus dem Kreis an, das sich eine Tätigkeit ausdenkt und den andern vormacht. Die Kinder im Kreis nehmen die vorgeführte Bewegung auf, während die beiden Kinder sich weiter in der Gegenrichtung bewegen. Dazu wird gesungen auf die Melodie: Alle meine Entchen:

Alle meine Tierchen
tanzen jetzt so schön, tanzen jetzt so schön,
und bald kommt der nächste dran,
das sollt ihr gleich sehn.

Danach tippt das zweite Kind ein weiteres Kind an, bis alle Kinder des Außenkreises sich im Innenkreis entsprechend den angegebenen Tätigkeiten (hüpfen, tanzen, springen, klatschen, hinken, kriechen, krabbeln ...) bewegen.

Wenn unser Kind mal Angst hat

– Kleines Spiel gegen die Angst –

Da sitzt ein kleiner Hase
ganz ängstlich hinterm Stein.
Was raschelt da im Grase?
O weh – was kann das sein?

Da sitzt ein kleiner Hase,
ganz ängstlich hinterm Busch.
Kommt da der Fuchs geschlichen?
Nur fort – schnell – husch, husch, husch!

Da sitzt ein kleiner Hase
duckt tief sich in den Klee.
Kommt da ein Hund gesprungen?
Die Zähne, die tun weh.

Du lieber, kleiner Hase,
nun wag dich doch mal vor!
Du hast so flinke Beine,
komm her und spitz das Ohr!

So schöne lange Löffel,
so weiches, braunes Fell.
Du kannst auch Haken schlagen,
spring übern Bach ganz schnell.

Schau über Busch und Wiesen,
schau rundherum ganz keck.
Spring mitten in das Rübenfeld,
und sieh – die Angst ist weg.

Zeigefinger und Mittelfinger der linken Hand sind die Ohren. Sie verstecken sich in der hohlen Hand. Nach und nach werden die Ohren emporgestreckt.
Die linke Hand „hoppelt" in großen Sprüngen über den Tisch. Die rechte Hand ist Fuchs und Hund.

Der buntbemalte Gipsarm

Auf der Spielwiese sind die neuen Spielgeräte aufgestellt worden. Da stehen jetzt eine tolle Kletterstange, eine schwingende Kletterleiter aus dickem Tau, große Autoreifen, auf denen man hin und her schaukeln kann, und eine wunderschöne Rutschbahn.
Ingo, Andreas und Michael toben schon den ganzen Morgen auf den Geräten herum. Auch die neue Sandkiste macht den Kindern Spaß. Petra, Sabine und Wiebke haben ihre Förmchen geholt und backen Kuchen. Mark und Peter haben auf der anderen Seite einen Tunnel für ihre Autos gebaut.
Aber das Schönste ist doch die neue Rutschbahn! Immer wieder drängeln sich die Kinder an der Treppe. Frau Müller muß mehrmals eingreifen, damit die Kinder sich nicht schubsen und stoßen. Zögernd steht Axel unten an der Treppe. Er möchte so gern rutschen! Aber eigentlich hat er doch so viel Angst vor den steilen Stufen und der blanken Rutschbahn! Schließlich wagt er es aber doch! Nun steht er oben! Das ist ein tolles Gefühl, die glatte Rutschbahn so unter sich zu sehen! „Mach doch schnell, wir wollen auch noch drankommen! Immer bist du langsam! Richtig doof bist du!" brüllt Andreas hinter ihm. Er gibt Axel von hinten ordentlich einen Stoß auf den Rücken. Axel verliert das Gleichgewicht und fällt von oben herunter. Er versucht noch, sich abzustützen und den Sturz aufzufangen. Laut aufschreiend hält er seinen Arm fest. Frau Müller läuft sofort hin und hilft ihm hoch. Axel schreit vor Schmerzen. Der Arm hängt ganz schlaff herunter. Ganz weiß ist er im Gesicht.
„Holt Frau Willer schnell her!" ruft Frau Müller aufgeregt den Kindern zu. – „Telefonieren Sie bitte gleich den Krankenwagen an! Axel soll sofort zum Arzt gefahren werden!"
Nach ein paar Minuten hören die Kinder das Signal

auf der Straße. Sonst ist das immer so spannend, und alle rufen laut und vergnügt: „Tatü – tata" mit.
Aber heute sind sie ganz still geworden. Axel schreit noch immer. Andreas sitzt in der Ecke der Sandkiste und mag gar nicht hingucken, als die Sanitäter Axel hochheben und ins Auto tragen.
„Ich habe ihm doch nur einen kleinen Schubs gegeben!" sagt er leise zu Frau Müller, die neben ihn getreten ist. „Heute geht keiner mehr auf die Rutsche!" sagt Frau Müller ernst. „Ihr müßt noch viel vorsichtiger bei den neuen Spielgeräten sein! Hoffentlich kann Axel morgen wieder bei uns sein!"
Am nächsten Morgen stehen alle Kinder um Axel herum. „Du hast ja einen tollen Gipsarm!" sagt Ingo bewundernd. „Tut das noch sehr weh?" „Nein, heute nicht mehr, nur – es ist der rechte Arm! Nun kann ich gar nicht richtig malen und schneiden und kleben!"
„Komm an unsern Tisch!" sagt Michael hilfsbereit, „wir wollen heute Schiffe bauen! Ich schmirgel dir dein Schiff schon fertig!"
„Komm – ich bohr' dir das Loch für den Mast! Du brauchst bloß das Stück Holz festzuhalten!" ruft Andreas. Axel lacht. Ich kann ja nachher mit der linken Hand die Segel ein bißchen mit den Filzstiften anmalen!" „O ja", bettelt Ingo, „du kannst so schöne Muster malen, mal mir doch bitte auch mein Segel an!"
Während die andern hämmern, schmirgeln und hobeln, ist Axel ganz begeistert mit den Filzstiften beschäftigt.
Frau Müller hat ihm ein Stück Holz auf die Papiersegel gelegt, daß sie nicht verrutschen, und nun kann er so schöne Muster malen. Sogar richtige Zahlen kann er schon schreiben und ein paar Buchstaben, ein großes A und ein P, eine 1 und eine 7. Das sind nämlich die Autokennzeichen von Vaters Auto.
„Axel", sagt Frau Müller, „möchtest du wohl den Wasserhahn aufdrehen und Wasser ins Waschbecken lassen?" Axel dreht ganz stolz mit der linken Hand den

Wasserhahn auf. Das hat er noch nie gedurft, immer haben die andern sich vorgedrängelt. Er strahlt.
Inzwischen hat Andreas das Schiff von Axel fertiggeschmirgelt und den Mast ausgemalt. Frau Müller bindet noch mehr Bindfäden an die Masten und klebt die Segel fest. „Siehst du, Axel, dein Schiff ist wunderschön geworden! Nun darfst du es auch als erster schwimmen lassen!"
„Du, das schwimmt ja prima! Das kippt ja gar nicht um!" sagt Peter bewundernd. „Tut – tut – jetzt kommt mein Dampfer!" lacht Ingo.
„Weißt du was, Axel!" sagt Andreas, „ich hol' dich heute nachmittag ab, und wir lassen am Bach unsere Schiffe schwimmen!" „O ja, prima!" lacht Axel. „Tut dein Arm gar nicht mehr weh?" fragt Andreas. „Nein, nein!" lacht Axel, „bloß gestern, als der Doktor den Gips rumgemacht hat!"
„Du, weißt du was!" ruft Petra, „der weiße Gips sieht richtig langweilig aus! Ich mal' dir mit Filzstift mein Schiff drauf und schreib' ein P dahinter!" „Und ich mal' dir mein Schiff drauf und schreib' dir ein M auf die Segel!" lacht Michael. Beim Frühstück drängeln sich die Kinder an Axels Seite, jeder will ihm das Glas Milch in die linke Hand geben und das Brötchen auswickeln.

„Du, ich finde das toll, so ein Gipsverband!" sagt Ingo bewundernd. „Wünsch dir das lieber nicht!" sagt Axel, „das hat gestern so doll wehgetan!" „Und ich darf auch nicht baden damit! Das Wasser ist doch noch so schön warm jetzt!" „Ach, wir buddeln ein bißchen im Sand mit dir!" trösten ihn die Kinder. „Mit der linken Hand kannst du auch graben und schaufeln!"
„Heute war es richtig toll im Kindergarten!" sagt Axel fröhlich, als er mit dem buntgemalten Gipsarm nach Hause kommt. „So schön haben wir noch nie zusammen gespielt. Ich glaube, sogar Andreas mag mich jetzt ein bißchen leiden!"

Lied von der Ampel

Text: Barbara Cratzius Melodie: Paul G. Walter

2. Siehst du die Autos flitzen?
Da ist so viel Verkehr.
Die Mopeds und die Laster,
die rasen wild daher.

3. Da dröhnt ein großer Trecker.
Es rattert laut ein Kran,
drei Busse und ein Taxi,
die fegen schnell heran.

4. Da knallt es an der Ecke,
und mit Tatü-Tata
sind Polizei mit Blaulicht
und Krankenwagen da.

5. Die Straße ist gefährlich.
Schau immer auf mein Licht!
Vergiß am Zebrastreifen
mein grünes Auge nicht!

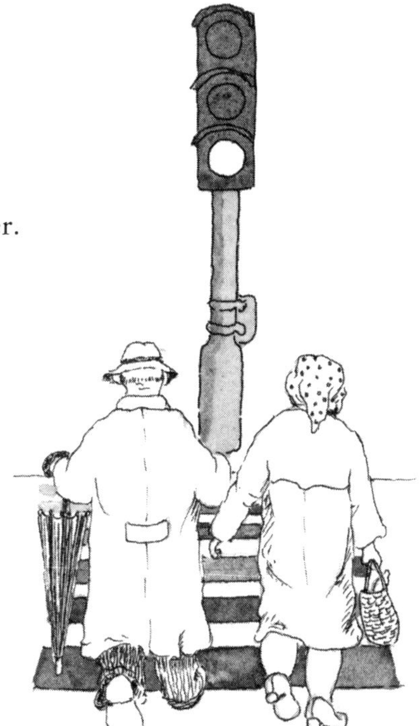

Wer findet die Bürste?

Ein Kind kommt in den Kreis. Die anderen Kinder stehen dicht beieinander. Sie halten die Hände auf dem Rücken und geben heimlich eine Bürste weiter. Dabei rufen sie:

Ich bin hart und auch mal weich
und muß immer wandern.
Wart, jetzt bürste ich dich gleich,
schon bin ich beim andern.

Das Kind in der Mitte wird immer wieder schnell einmal auf Kopf, Rücken und Hände gebürstet, aber wenn es sich umdreht, ist die Bürste schon wieder weitergereicht. Dasjenige Kind, bei dem die Bürste gefunden wurde, muß in den Kreis und von neuem suchen.

Was ist denn da versteckt?

Die Kinder sitzen um den Tisch herum. In einem großen Paket sind viele kleine Päckchen mit herbstlichen Früchten, Eicheln, Kastanien, Hagebutten, Pflaumen, Sonnenblumenkerne, Nüsse, auch bunten Herbstblättern versteckt.
Nun wird reihum gewürfelt. Wer zuerst eine Sechs würfelt, darf versuchen, die Verpackung zu lösen. Es wird so lange gespielt, bis alle Geschenke ausgewickelt sind.

3 Kannst du durch die Wolken gehen?

(Vom Wind, Nebel, Mond und Sternen im Herbst)

Von den vier Windgesellen

Die Kinder sitzen im Stuhlkreis. Die Erzieherin erzählt die Geschichte vom schlafenden Apfel (entsprechend dem Fingerspiel S. 59). Auf einmal heult und saust es um das Haus. Polternd kippt der große Blumentopf mit den schönen Margeriten auf der Terrasse um. Drei kleine Spieleimer trudeln hinterher. Bunte Herbstblätter tanzen vor den Fenstern vorbei. „Ich glaube, der Wind hat die Geschichte gehört und will auch dabeisein!" lacht Michael. „Woher kommt denn der Wind?" fragt Sabine.

„Die Luft über dem Land und dem Wald wird schneller warm als über dem Wasser", erklärt die Erzieherin. „Sie steigt nach oben. An die Stelle der warmen Luft fließt kalte Luft nach. Dieser Luftstrom ist der Wind. Manchmal bläst er ganz stark. Das ist dann ein richtiger Sturm!" „Wie neulich, als uns der Sturm die Dachziegel vom Dach gerissen hat!" erinnert sich Petra.

„Heute haben wir Westwind", sagt die Erzieherin, „der bringt oft Regen mit."

„Wenn der Wind vom Norden, vom Nordpol her weht, bringt er im Sommer kalten Regen und im Winter Schnee und Eis mit."

„Und der warme Wind kommt aus Italien, wo es so heiß ist!" weiß Michael. „Das ist der Südwind", erklärt die Erzieherin.

„Der Ostwind kommt aus einem großen, weiten Land, aus Rußland. Er bringt uns trockenes, kaltes Wetter im Winter und warme, sonnige Tage im Sommer. Vier lustige Windgesellen sind das!"

„Ich mag den warmen Südwind am liebsten!" ruft Petra.

„Und ich den Nordwind! Viel Schnee soll er uns bringen!" lacht Michael.

„Na, für eine Weile werden wir wohl den Westwind mit seinen Regenschauern haben", meint die Erzieherin. „Horcht, wie die Tropfen an die Scheiben klopfen!"

Spiellied vom Herbstwind und den Herbstblättern

Die Kinder im Außenkreis ahmen zunächst das Brausen des Windes nach.
Igel, Maus und Käfer laufen trippelnd im Innenkreis herum.
Sie tippen nacheinander verschiedene Kinder im Außenkreis an, die ihnen (als Blätter) folgen.
Am Schluß ducken sich die Tiere, und die Blätter halten schützend die Hände über sie.

Text: Barbara Cratzius Melodie: Paul G. Walter

2. Horcht, der Herbstwind
saust und braust,
bringt uns kaltes Wetter,
und er rischelt, rauscht und tost
um die welken Blätter.

3. Horcht, der Herbstwind
saust und braust,
wenn wir den nicht hätten!
Denn für Käfer, Igel, Maus
schickt er weiche Betten.

4. Horcht, der Herbstwind
saust und braust
in den Blätterhaufen.
„Danke“, ruft der Igel, „hier
kann ich mich verschnaufen.“

5. Gleich grab' ich mich tief hinein.
Wind zaust in den Bäumen.
Unterm warmen Blätterbett
kann ich schlafen, träumen.

6. Danke, danke, lieber Wind
für die bunten Blätter.
Nun tut uns der Frost nicht weh
und das Winterwetter.

Er kann laufen, rasen, stürmen ...

Er kann laufen, rasen, stürmen
ohne Knie und Beine,
zaust an Dächern und an Türmen,
Hände hat er keine.

Er kann pfeifen, fauchen, blasen
ohne Mund und Zunge,
heult um Ohren und um Nasen,
hat auch keine Lunge.

Er kann wild an Bäumen schütteln,
um die Häuser toben,
an den Fenstern, Türen rütteln,
treibt die Drachen oben.

Bringt uns Schnee und Hagelschauer,
bleibt nie auf der Stelle.
Immer liegt er auf der Lauer,
so, nun ratet schnelle! (Wind)

Kannst du raten und reimen?

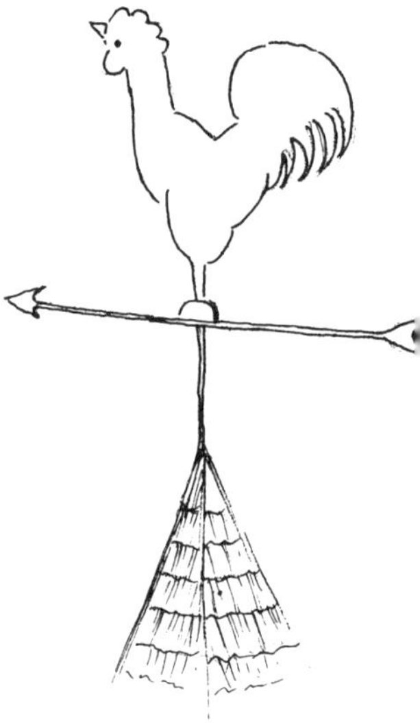

Den Wetterhahn dreht er flink herum
und wirbelt das Windrad um und – (um)

Den Drachen packt er wild am Schwanz
und zeigt ihm den schönsten Drachen- (tanz)

Er greift sich frech den Luftballon
und segelt mit ihm übers Hausdach – (davon)

Die Mühlenflügel kann er drehn
und läßt sie gar nicht stille – (stehn)

Er bläht die Segel auf dem Meer
und schickt die Regenwolken – (her)

Die Lindensamen treibt er fort,
pflanzt neue Bäumchen am andern – (Ort)

Die Löwenzahnschirmchen, die bläst er hinaus
und trocknet die Wäsche vor dem – (Haus)

Das Segelflugzeug hebt er in die Luft
und fächelt uns zu den Wiesen- (Duft)

Von früh bis spät tut er sich plagen,
kannst du mir seinen Namen – (sagen)

Von Sonne und Mond

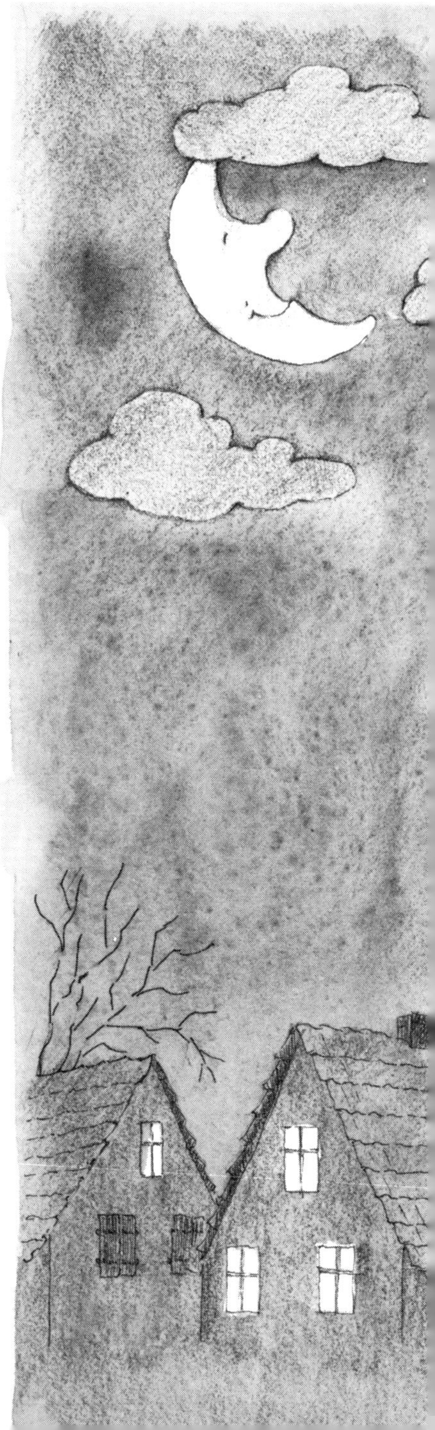

Susanne liegt im Bett. Ihren weichen Kuschelbär hat sie im Arm. „Brumm, brumm", macht er leise. Mutter knipst das Licht aus. „Zieh die Vorhänge noch nicht zu!" bittet Susanne die Mutter. „Heute sieht der Mond ganz lustig aus, wie die Scheibe von einer Apfelsine oder einer Zitrone. Manchmal ist er fast rund und manchmal kugelrund wie ein Ball. Wie kommt das?"
Die Mutter erklärt: „Der Mond ist immer ganz rund! Aber er kann selbst nicht strahlen. Er bekommt sein Licht von der Sonne. Wir sehen immer nur den Teil der Mondkugel, den die Sonne bestrahlt. Der Rest bleibt im Dunkel."
Susanne kann immer noch nicht schlafen. Sie schaut und schaut zu der Mondsichel hoch. „Wo ist denn jetzt die Sonne?" fragt sie. Mutter antwortet: „Die Sonne scheint auch nachts, wir sehen sie nur nicht. Die Erde dreht sich jeden Tag einmal um sich selbst herum. Wenn wir uns von der Sonne wegdrehen, wird es bei uns Nacht. Dann scheint die Sonne bei den Menschen auf der anderen Seite der Erde. Wenn wir uns zur Sonne hindrehen, ist es bei uns Tag, bei den Menschen auf der anderen Seite Nacht."

Geht über Zaun und Baum

Geht über Zaun und Baum spazieren,
doch kann er niemals sie berühren.
Mal trägt er gelbe weite Kleider,
fein genäht vom Wolkenschneider.
Dann kannst du ihn als Sichel sehn,
ganz schmal und spitz überm Hause stehn.
Sag mir, wer am Himmel wohnt!
Ja – das ist der gute – (Mond)

Warum wir nicht von der Erdkugel herunterfallen

„Heute ist mein Luftballon ganz hochgeflogen!“ sagt Tim. „Ich wollte ihn festhalten, da ist ein Wind gekommen und hat ihn ganz schnell fortgetrieben, immer höher und höher. Er ist bestimmt bis zum Himmel hochgeflogen!“

„Wahrscheinlich wird er irgendwann zerplatzen auf seinem weiten Flug!“ sagt die Erzieherin. „Die Teile kommen irgendwann immer wieder auf die Erde herunter. Die Erde hat nämlich eine unsichtbare Kraft, so als ob alle Dinge mit einem Gummiband an ihr befestigt wären. Das nennt man die Anziehungskraft der Erde. Kein Mensch und kein Tier und kein Ding kann von der Erde in die Luft fliegen und dort irgendwann verschwinden. Wenn du einen Stein oder einen Ball auch noch so hoch wirfst, er fällt immer wieder auf die Erde zurück.“ „Aber die Seifenblasen, die schweben doch auch immer höher und höher!“ ruft Peter. „Das ist genauso wie mit dem Luftballon. Sie sind so leicht, daß der Wind sie emportragen kann. Aber irgendwann zerplatzen sie, und die kleinen unsichtbaren Teilchen der Seife sinken zur Erde nieder.“

„Das ist aber lieb von der Erde, daß sie immer so doll festhält!“ sagt Tim. „Manchmal träume ich, daß ich fliegen kann, ganz allein, weit fort, aber ich komme ja immer wieder auf die Erde zurück!“

Das Märchen vom Großen Bären

Vor vielen Jahren war eine große Trockenheit auf der Erde. Bäume, Sträucher und Blumen waren vertrocknet. Menschen und Tiere starben vor Durst.
Ein armes Mädchen ging eines Nachts von zu Hause fort. Es wollte nach Wasser für seine kranke Mutter suchen. Aber alle Seen und Flüsse waren eingetrocknet. Das Mädchen legte sich ganz erschöpft nieder auf das trockene Gras auf einer verdorrten Wiese und schlief ein. Als es aufwachte und nach dem Krug greifen wollte, sah es voll Staunen, daß der Krug mit köstlichem frischem Wasser gefüllt war. Es wollte schon trinken, aber da dachte es an seine kranke Mutter.

„Nein, nein, ich darf mich noch nicht laben,
Mutter wird es nötig haben,“

rief es und lief eilig mit dem Krug nach Hause. Sie lief und lief und bemerkte gar nicht ein kleines winselndes Hündlein, das im Gras hockte. Sie stolperte darüber und ließ den Krug fallen.

„Hündlein, wo kommst du denn her,
weh mein Krug, der ist jetzt leer,“

rief sie traurig. Aber als sie sich nach dem Krug bückte, stand dieser aufrecht da, und kein Tropfen war verschüttet.
Da goß das Mädchen ein paar Schlucke in die hohle Hand, und das Hündchen leckte es gierig auf. Gleich darauf lief es in fröhlichen Sprüngen davon.
Als das Mädchen den Krug aufhob, war er nicht mehr aus Holz, sondern aus Silber. Sie lief nach Haus und wollte der Mutter davon zu trinken geben. Aber die kranke Mutter sprach:

„Bald zu Ende ist mein Leben,
Wasser soll *dir* Kraft noch geben.“

Und sie reichte der Tochter den Krug. Da verwandelte sich der silberne Krug in einen goldenen. Das Mädchen wollte gerade ein paar Schlucke daraus trinken, da trat ein armer Wanderer ins Zimmer und bat um einen Schluck Wasser. Das Mädchen reichte ihm den Krug. In diesem Augenblick war der Krug mit sieben funkelnden Diamanten besetzt, und aus jedem floß ein Strahl mit frischem Wasser. Dann aber stiegen die sieben Diamanten zum Himmel empor. Da stehen sie noch heute. Du kannst sie als Großen Bär oder Goldenen Wagen in den dunklen Nächten am Himmel leuchten sehen.

(Frei erzählt nach einem Märchen von Tolstoi)

Wo sind die Sterne am Tage?

Heute scheint die Sonne ganz hell. Michael muß sich richtig die Augen zukneifen, als er in der Sandkiste spielt. „Tagsüber steht nur die Sonne am Himmel!" ruft er. „Alle Sterne sind verschwunden. Wo sind wohl die Sterne tagsüber?" „Die vielen Sterne, die wir nachts am Himmel sehen, leuchten auch am Tage", sagt die Erzieherin. „Aber die Sonne macht den Himmel tagsüber so hell, daß wir sie dann nicht sehen können."

Regenlied

Text: Barbara Cratzius Melodie: Paul G. Walter

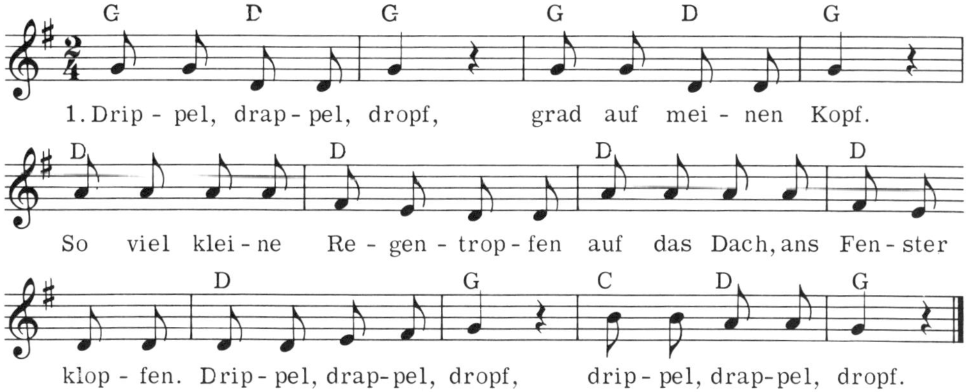

2. Drippel, drappel, dropf,
grad auf meinen Kopf.
Wenn die ersten Tropfen klatschen,
wolln wir in den Pfützen patschen.
|: Drippel, drappel, dropf. :|

3. Drippel, drappel, dropf,
grad auf meinen Kopf.
Ich laß in der Regentonne
Schiffchen schwimmen, welche Wonne.
|: Drippel, drappel, dropf. :|

4. Drippel, drappel, dropf,
grad auf meinen Kopf.
Matschfiguren wolln wir kleckern,
oder wird die Mutter meckern?
|: Drippel, drappel, dropf. :|

5. Drippel, drappel, drauf
und jetzt hört es auf.
Regen, Regen, komm bald wieder,
sing uns deine Regenlieder!
|: Drippel, drappel, drauf. :|

Kannst du durch die Wolken gehen? – Ein Nebeltag

Die Mutter zupft Michael am Ohrläppchen. „Aufstehen, kleiner Mann!“ ruft sie. „Heute ist ein ganz besonderer Tag! Ich bin nämlich beim Brötchenholen durch die Wolken gelaufen!“

Michael reißt die Augen auf. „Bist du geflogen, Mami?“ fragt er. „Die Wolken sind doch ganz hoch am Himmel!“

„Komm mal schnell ans Fenster und schau sie dir an!“ lacht die Mutter. Michael springt aus dem Bett. „Wo ist denn Vatis Auto?“ fragt er aufgeregt. „Und Peters Haus auf der anderen Straßenseite! Und der Balkon! Da winken wir uns doch morgens immer zu!“

Ein undurchsichtiger weißer Schleier liegt über dem Garten und der Straße. Ganz schwach kann Michael die Nebelscheinwerfer der Autos erkennen. „Mami, sind das wirklich Wolken?“ fragt er aufgeregt.

„Wenn die Wolken ganz dicht über der Erde liegen, nennt man sie ‚Nebel‘“, erklärt die Mutter. „Heute nacht ist es ganz kalt gewesen. Da hat sich die Luft über dem Boden abgekühlt. Und der Wasserdampf in der Luft ist zu Wassertröpfchen geworden, du erkennst sie als Nebel. Meistens verschwindet der Nebel am Morgen, wenn die Sonne warm scheint. Dann werden die feinen Wassertröpfchen wieder zu unsichtbarem Wasserdampf. Aber manchmal liegt über der kühlen Luft am Boden eine Schicht warmer Luft, dann ist der Nebel wie ‚gefangen‘. Dann hilft nur starker Wind, der kann den Nebel auseinandertreiben und auflösen.“

„Hoffentlich kommt er bald!“ sagt Michael. „Ich will doch den Weg zum Kindergarten finden.“ „Heute bringe ich dich hin!“ sagt die Mutter. „Zusammen werden wir schon den Weg durch den Nebel finden!“

Zauberschleier,
Zauberschleier,
bist du aus Seide gemacht?
Legst dich
über Baum und Dächer,
wer hat dich erdacht?

Liebe Sonne, liebe Sonne
aus dem Wolkentor
zaubre
doch mit deinen Strahlen
Baum und Dächer
schnell hervor! (Nebel)

4 Hoch in unserm Apfelbaum hängt ein Apfel tief im Traum

Apfelbaumtanzlied

(Auf die Melodie: Alle meine Entchen ...)

Alle unsre Zweige
tanzen hin und her,
schwingen leicht im Winde,
mehr und immer mehr.

Kinder laufen im Raum frei umher, schwingen mit den Armen.

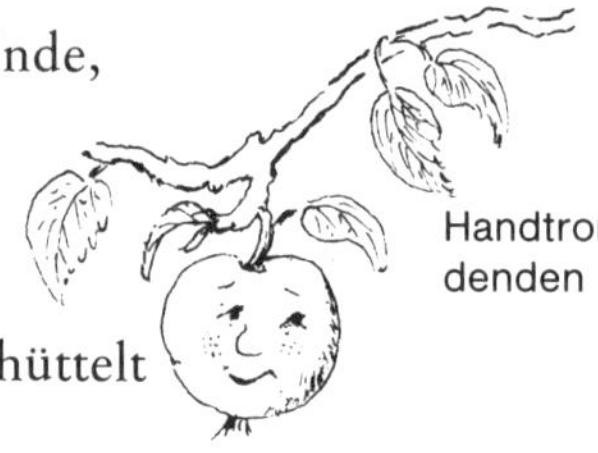

Alle unsre Zweige
rüttelt jetzt der Wind.
Zerrt und zaust und schüttelt
unser Apfelkind.

Handtrommel begleitet mit leichten, stärker werdenden Schlägen.

Und der kleine Apfel
oben in der Höh,
plumpst ins Gras hinunter,
das tut weh, so weh.

Auf einen lauten Beckenschlag ducken sich alle Kinder zu Boden.

Oh – so spitze Stacheln,
sagt mir, was ist das?
Seht, ein kleiner Igel,
der saß da im Gras.

Kinder stehen im Kreis und spreizen die Hände zu Stacheln. Auf allen vieren kriechen sie weiter, die Erzieherin legt jedem Kind einen ausgeschnittenen Apfel aus Papier oder Pappe auf den Rücken.

Seht, der Igel trippelt
trappelt so geschwind,
läuft unter die Hecke,
wo seine Kinder sind.

Die „Igelkinder“ kriechen vorsichtig unter den Tisch oder in irgendein schützendes „Igelhaus“.

Alle kleinen Igel
sitzen ganz versteckt,
schmitzen, schmatzen, hört doch,
wie der Apfel schmeckt.

Jedes Igelkind bekommt einen Apfelschnitz zum Schmatzen.

Und der kahle Apfelbaum
steht im Winterwind.
Doch lauscht, wie in den Zweigen
ein Neues leis beginnt.

Leise Schläge vom Glockenspiel oder Triangel.

Viele kleine Knospen
wachsen wie im Traum.
Im nächsten Jahr blüht wieder
unser Apfelbaum.

Bastelvorschlag: Weiße Blüten aus Filz. Jedes Kind kann eine weiße Blüte in die Hand bekommen und um den Apfelbaum herumtanzen.

Die Geschichte vom törichten grünen Apfel

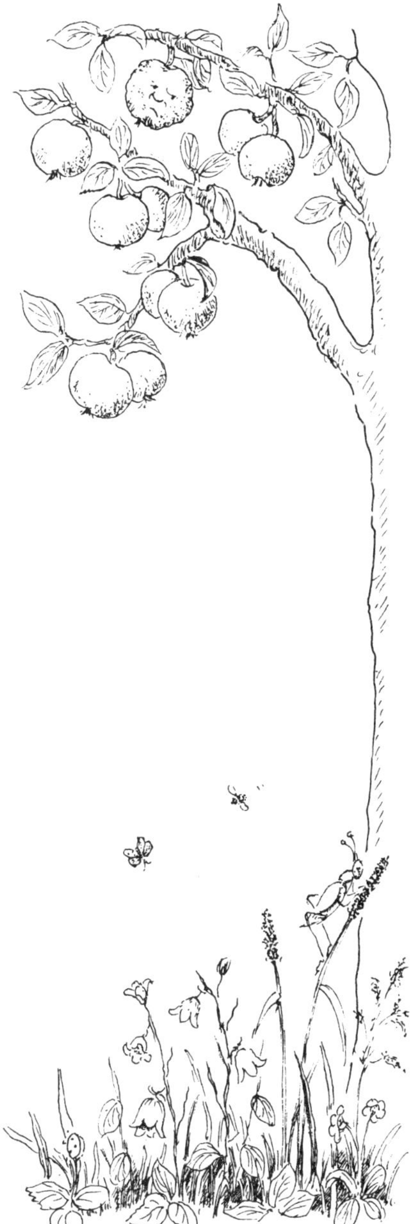

Der Apfelbaum trug in diesem Jahr besonders viele Früchte. Dicht an dicht hingen die kleinen grünen Äpfel in den Zweigen. Sie streckten sich der Sonne entgegen und riefen:

Liebe Sonne, scheine, scheine,
schick uns deine warmen Strahlen,
daß wir süß und saftig werden,
du kannst rote Backen malen.

Und die Sonne leuchtete Tag für Tag warm vom Himmel herab. Sie schenkte den Johannisbeerbüschen süße Beeren, die Kirschen unter dem Blätterdach wurden dick und rot, und der Sommerklee bekam immer mehr saftige Blätter. – Die Ackerwinde unter dem Apfelbaum reckte und streckte sich ordentlich, um jeden Sonnenstrahl zu erhaschen. Die Heuschrecken kletterten auf den höchsten Grashalm und surrten ihr schönstes Sommerlied vor. Die Bienen krochen in die Glockenblumen und naschten vom süßen Nektar. Sie riefen der Sonne zu:

Liebe Sonne, scheine, scheine,
daß sich alle Blüten recken,
denn du weißt, wie gut der Klee
und die Lindenblüten schmecken.

Alle Tiere, Pflanzen und Bäume freuten sich über das Sonnenlicht. Nur in der obersten Spitze des Apfelbaumes hing griesgrämig ein schrumpeliger, grüner Apfel. „Schön dumm!“ brummte er, „wie sich alle Früchte nach der Sonne strecken. Je eher die Äpfel reif sind, desto früher werden die abgepflückt und aufgegessen. – Und die dummen Erdbeeren da unten im Garten! Ich kann direkt sehen, wie sie sich drehen und wenden, um ordentlich rot zu werden. Da kommt ja schon die eklige schwarze Schnecke gekrochen. Die wartet nur auf so einen leckeren Nachtisch. Und was sie übrigläßt, naschen die Kinder. – Nein, verstecken muß man sich im dichten Laub! Dann wird man nicht abgepflückt. Und erst die Sonne! Die ist schön dumm! Sie verschenkt alle ihre goldenen Strahlen, und am Ende wird sie keine mehr übrig behalten und ganz kalt sein!

Dumme Sonne, scheine, scheine,
ich will mich nicht nach dir recken!
Keiner soll im Laub mich finden,
ich werd' mich ganz klug verstecken.

lachte der grüne, schrumpelige Apfel.
Allmählich wurde es Herbst. Die Sonne malte die Blätter am Apfelbaum mit schönen braunen und roten Farben an. Sie machte die Äpfel rund und süß. Rotbäckig kullerten sie in den großen Apfelkorb, und die Kinder riefen: „Die werden uns schmecken! Und am Sonntag backt Mutter einen großen Apfelkuchen!"
Nur der grüne Apfel oben im Baum war übriggeblieben. Als die Novemberstürme über das Land brausten, hackte eine Krähe in den wurmstichigen schrumpeligen Apfel. „Pfui, Teufel!" krächzte sie, „so etwas Saures hab' ich ja noch nie gegessen!"

Novemberwind, Novemberwind,
blas die Backen auf geschwind!
Reiß den sauren Apfel ab
und wirf ihn vom Baum herab.

schnarrte die Krähe. Da kullerte der schrumpelige Apfel herunter. Nicht mal der Igel wollte den sauren Gesellen haben. Da lag er nun, und die letzten Strahlen der Novembersonne konnten ihn auch nicht mehr erwärmen.
Die Sonne rief mitleidig:

Schlaf nur, armer saurer Apfel,
ach, du tust mir richtig leid.
Vielleicht treiben deine Kerne
neu empor zur Frühlingszeit.

Der schlafende Apfel

Hoch in unserm Apfelbaum
hängt ein Apfel tief im Traum,
schläft am Aste tief und fest
ganz dicht bei dem Vogelnest.

Kommt mein Kindchen angelaufen,
Apfel, warum schläfst du bloß?
Spring herab in meinen Schoß.
Doch der Apfel, der träumt weiter.

Warte, Apfel, 1–2–3
ruf ich gleich den Wind herbei.
Wind, so blas die Backen auf,
mit Getöse und Geschnauf.
Rüttel an den Zweigen,
Apfel, wart, ich will dir's zeigen.

Noch ein starker Stoß,
so – jetzt springst du los!
Und ich beiß' hinein,
Apfel, du schmeckst fein!

Textgemäß wird zum Apfelbaum hochgezeigt, die Hand zum Bettchen geformt. Dann blasen wir die Backen auf und pusten den Apfel herunter. Am Schluß gibt es ein richtiges Apfelessen.

Die vier „Birnenfinger“ der rechten Hand fliegen, gemäß dem Text, an der geöffneten linken Hand vorbei. Die fünfte „Birne“ plumpst in die linke Hand hinein.

Birnenspiel

Lirum, larum, Löffelstiel,
wer macht mit bei unserm Spiel?

Wir gehen in den Garten
und schütteln unsern Birnenbaum.

Birnen, Birnen, munter, munter,
fallt doch endlich, endlich runter.

Da saust die erste schon vom Ast,
doch habe ich nicht aufgepaßt.

Die zweite fällt ins Gras hinein,
die dritte kullert hintern Stein.

Die vierte sitzt am Zweig ganz fest,
die fünfte fliegt ins richtige Nest.

Wir drucken mit Äpfeln und Birnen

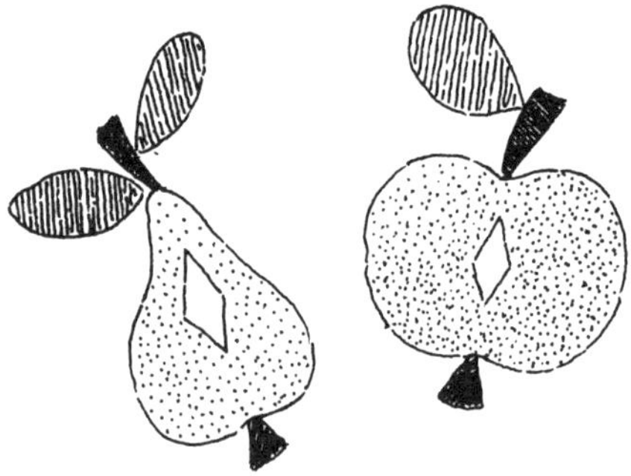

September – das ist der Monat, in dem die Früchte und Beeren reif werden. Wir wollen euch verschiedene Bastelvorschläge anbieten, wie ihr Tischkarten, Briefkarten, Servietten und sogar Tischdecken schmücken könnt. Die „Drucktechnik“ ist schon mit Kindern ab 3 Jahren möglich.

Zunächst deckt ihr euren Tisch mit genügend Zeitungspapier ab. Dann schneidet ihr einen Apfel oder eine Birne durch, die der Wind unreif vom Baum geschüttelt hat und bestreicht die aufgeschnittene Hälfte mit Plakatfarbe. Für den Apfel nehmt ihr am besten eine leuchtend rote Farbe, für die Birne könnt ihr ein schönes, kräftiges Gelb wählen. Nun könnt ihr mit den Früchten eure Briefkarten bedrucken. – Für die Blätter könnt ihr aus einer Kartoffel einen Stempel schneiden oder ihr malt die Blätter mit Wachsfarben oder Tuschfarben an.
Wenn ihr Stoffarben benutzt, könnt ihr einen Tischläufer mit einer Reihe Äpfel oder Birnen bedrucken, oder den Rand einer runden oder viereckigen Tischdecke damit schmücken. Der Stoff kann einfacher Nesselstoff aus dem Kaufhaus sein. – Ihr könnt euch auch die Form eines Apfels oder einer Birne aus Pappe ausschneiden. Mit dieser Schablone zeichnet ihr Früchte auf und malt sie mit Wasserfarben, Filzstiften oder Wachskreiden an.
Auch einen großen Baum (aus Tapetenresten oder großen Pappbögen), den ihr vorsichtig mit Tesakrepp an eine Tür klebt, könnt ihr mit gleichmäßig gemalten Früchten schmücken.
Für eine Geburtstagsparty schreibt ihr die Namen der Gäste in die gemalten Früchte. Das gibt originelle Tischkarten oder Platzkarten für die „Kuchenbar“ oder für die Tüten mit den Losgewinnen. Übrigens könnt ihr auch mit Herbstblättern schöne Geschenke drucken.

(E. Scharafat)

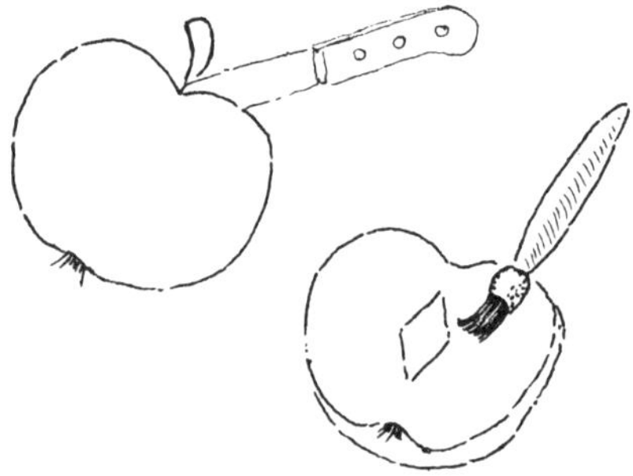

Kartoffelstempel für Blatt, Stengel und Blüte

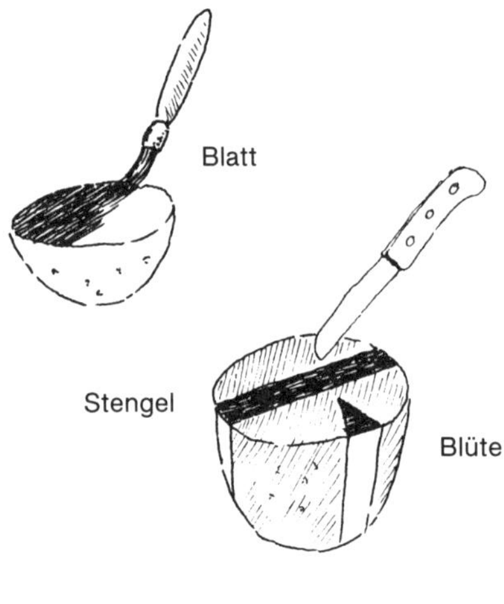

Ein Apfelbaum als Tischkarte

Schneide aus Tonpapier oder dünnem Karton für jede Tischkarte zwei Bäumchen nach der Schablone aus:

Falte die Bäumchen, damit du eine genaue Mittellinie bekommst. Teile die Mittellinie in zwei gleiche Strecken.

Schneide beim ersten Bäumchen die obere und beim zweiten Bäumchen die untere Hälfte der Mittellinie ein.

Jetzt stecke beide Bäumchen ineinander:

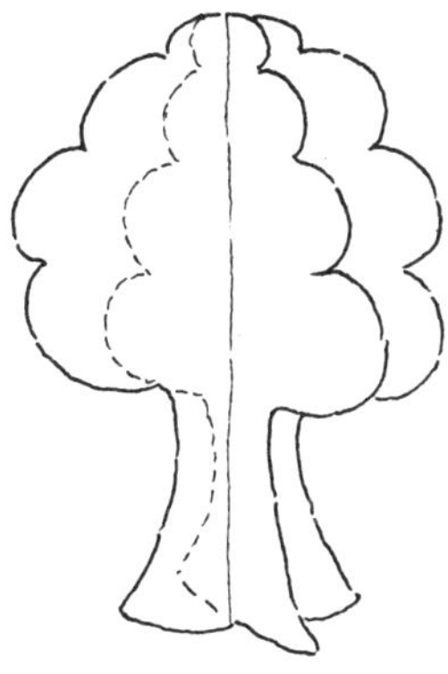

Du kannst den Namen deines Gastes in die Baumkrone schreiben.
Wenn du Lust hast, kannst du rote Äpfel oder gelbe Birnen ausschneiden und sie an die Bäume kleben.

(E. Scharafat)

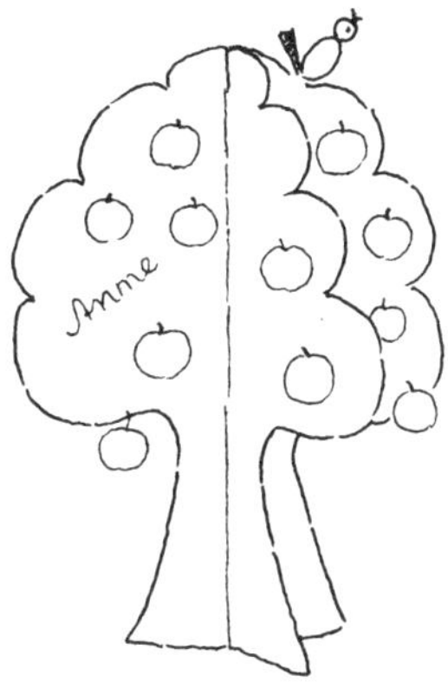

Die Geschichte von der goldenen Sonnenblume

Im Futterhäuschen lärmten die Vögel. Amseln und Spatzen balgten sich um die Samenkörner und die fetten Talgkerne. Mit lautem Geschrei flog eine Amsel hoch auf den kahlen Apfelbaum. Im Schnabel hatte sie drei schöne Sonnenblumenkerne. Schwupp, rutschte ihr ein Kern herunter und fiel auf den vereisten Boden. Er rollte in eine Erdspalte neben dem Gartenzaun. Schneeflocken deckten ihn zu. Er schlief und schlief den ganzen Winter lang, bis die Frühlingssonne die Erde erwärmte. Er reckte und streckte sich. Die braune Schale lockerte sich, und ein grüner Trieb zwängte sich durch das Erdreich zum Licht. Die spitzen braunen Pfähle des Gartenzauns schauten mitleidig auf die zarten grünen Blätter. „Schade, daß du keine Feuererbse bist!" sagten sie. „Oder vielleicht auch eine bunte Wicke. Dann könntest du schnell an unseren Pfählen emporklettern und oben die bunten Blüten ausbreiten. Aber wir haben dich kleinen Kern ja im Herbst gesehen. Aus so einem kümmerlichen Ding kann nie etwas Ordentliches werden." Die Zweige vom Apfelbaum und Birnbaum nickten bekräftigend. „Es ist ein Jammer, daß du so auf der Erde herumkriechen mußt!" riefen sie. „Schau uns an! Hoch hinaus muß man steigen, der Sonne entgegen. Dann kann man auch süße große Früchte tragen."

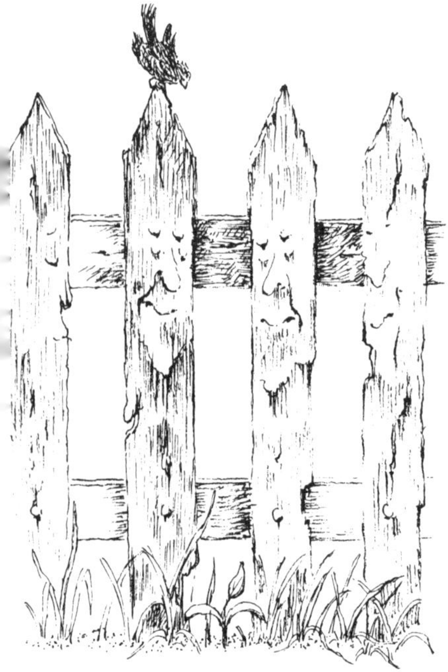

In diesem Augenblick kam ein Mann mit einer langen Leiter in den Garten. Er hatte eine große Schere in der Hand. „Wir sind ja schon still!" flüsterten die Zweige erschrocken. Aber ritsche-ratsche, da war es schon um sie geschehen. Der Mann schnitt und stutzte die Bäume zurecht, daß sie ganz zerrupft aussahen. Die Sonnenstrahlen konnten nun viel besser auf den Erdstreifen am Zaun entlang scheinen.

Die Sonnenblume wuchs höher und höher. Die Latten am Gartenzaun musterten anerkennend den kräftigen grünen Stengel.

Sonnenblume, Sonnenblume,
wag dich nur hervor!
Streck dich kräftig in die Höhe,
wachs an uns empor,

knarrten sie. Die Sonnenblume streckte ihre schönen breiten grünen Blätter aus. Sie wuchs und wuchs. Bald hatte sie die Feuererbsen und Lilien eingeholt und konnte über die spitzen Latten des Zaunes auf die Straße schauen.

Inzwischen war der Garten bunt geworden. Die rotbackigen Äpfel und die gelben Birnen leuchteten zwischen den Blättern hervor. Die Dahlien und Gladiolen fingen an zu blühen. Da bildeten sich am Stengel der Sonnenblume mehrere runde grüne Teller heraus. Kern an Kern legte sich nebeneinander, und die Blütenblätter färbten sich goldgelb.

Die Amseln und Spatzen schauten mitunter begehrlich auf die schönen grünen Körnerteller. Sie zwitscherten:

Zeig uns deine vollen Körbe,
rund und fett und schwer!
Bald reichst du die reifen Körner
für uns Vögel her.

Und dann war es endlich soweit! Die vollen braunen Blütenkörbe mit dem leuchtenden Kranz von Blütenblättern nickten über den Zaun. Die Autofahrer warfen freundliche Blicke auf die schöne große Sonnenblume. Die Spaziergänger blieben stehen und bewunderten sie. Die Pfähle des Lattenzauns hatten ganz vergessen, daß sie die kleinen Körner ausgelacht hatten. Sie knarrten ganz stolz:

Kommt doch her, ihr vielen Leute,
hier gibt's was zu schaun.
Seht, ein goldnes Sonnenwunder
blüht an unserm Zaun.

Und die Sonnenblumen reichten bereitwillig ihre vollen Körbe her. Sie freuten sich, wenn die Amseln und Dompfaffen sich richtig satt pickten. Den Rest holten sich die Kinder fürs Futterhäuschen. Wißt ihr noch, wie die Geschichte angefangen hatte. Dann könnt ihr sie gleich noch einmal erzählen!

Sonnenblumen

Text: Barbara Cratzius Melodie: Paul G. Walter

2. Grüne Stengel wachsen
   noch tagaus, tagein.
   Kleine Sonnen gucken
   schon zum Fenster rein.

3. Hoch und immer höher
   steigen sie zum Licht.
   Groß und immer schöner
   leuchtet ihr Gesicht.

4. Und der braune Teller,
   der ist reich gedeckt.
   Den hat unsre Amsel
   wohl schon längst entdeckt.

5. Strahlt uns noch ganz lange!
   Wind, blas nicht zu sehr!
   Kommt im nächsten Frühjahr
   wieder zu uns her.

Für das Lied von der Sonnenblume möchten wir euch noch einen schönen Malvorschlag anbieten. Mit Fingerfarben (Gelb, Braun, Grün) könnt ihr eine große leuchtende Sonnenblume auf einen Pappbogen oder einen langen schmalen Stoffrest malen. Auch ein großer leuchtender Sonnenball (Gelb und Rot) mit vielen Strahlen auf einem viereckigen Stoffrest sieht sehr gut aus. Für euer Kinderzimmer oder euren Gruppenraum wird das ein schöner Schmuck sein!

Sonnenblumen, die nicht verblühen

Du brauchst: einen Bogen Tonpapier (schwarz), Kreppapier (gelb), Seidenpapier (braun und grün), Klebstoff, Schere, Zeichenstift.

1. Zeichne Kreise für die Samenstände der Sonnenblume auf den Bogen aus schwarzem Tonpapier.

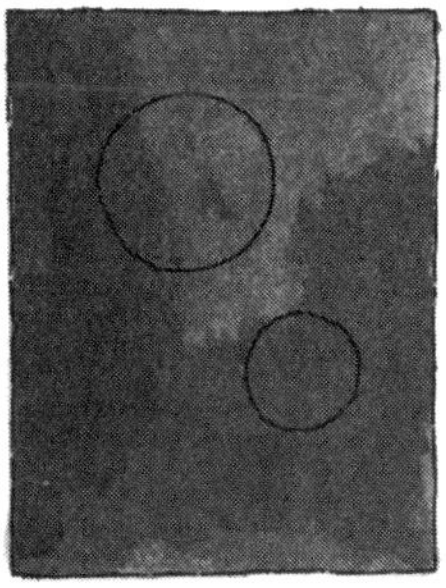

2. Schneide aus gelbem Kreppapier Blütenblätter; sie dürfen ruhig verschieden groß sein. Du brauchst sehr viele Blätter. Lege das Kreppapier in mehreren Lagen übereinander, dann erhältst Du bei jedem Schnitt gleich mehrere Blüten.

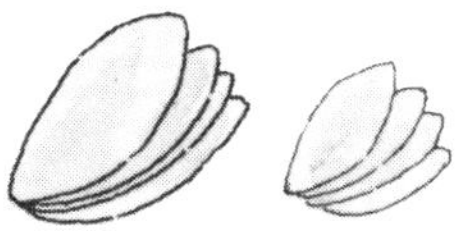

3. Streiche die erste Kreislinie auf dem schwarzen Tonpapier mit Klebstoff ein und lege einen Kranz aus gelben Blütenblättern. Ist der Kreis geschlossen, klebst Du einen zweiten und dritten Kranz – bis die Sonnenblume richtig strahlt.

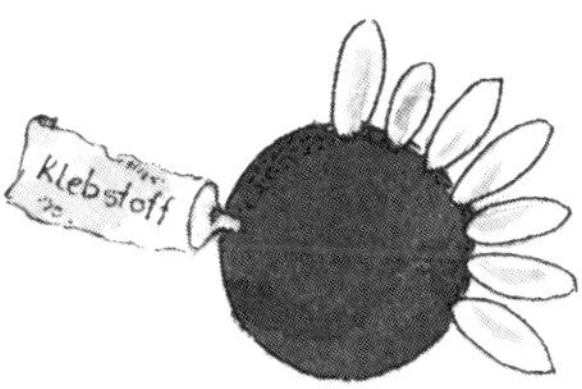

4. Jetzt forme aus braunen Seidenpapierschnitzeln kleine Kugeln; das sind die Samen unserer Sonnenblume. Klebe die Kugeln kreisförmig in den Kranz aus Blütenblättern. So arbeitest Du auch die zweite Blüte!

5. Schneide die Stiele der Sonnenblumen und die Blätter aus grünem Seidenpapier aus. Klebe die Stiele fest auf das Tonpapier. Die Blätter werden nur am Stengel und an zwei Seiten mit einem kleinen Tupfer Klebstoff befestigt. Sie dürfen sich ruhig ein wenig wölben, dann sehen die Sonnenblumen besonders echt aus.

(E. Scharafat)

Spiel im Herbst

Die „Pflaumenkinder" und „Kürbiskinder" sitzen einander gegenüber. Ein älteres Kind oder die Erzieherin ruft:

Ihr Kürbisse, ihr Kürbisse,
ihr müßt auf der Erde liegen.
Wir Pflaumen an den Zweigen
wir können uns im Winde wiegen.

Die Kinder können einander beim Strophenwechsel gegenseitig eine „lange Nase" zeigen oder die andere Gruppe auslachen.

Ihr Pflaumen, ihr Pflaumen,
noch tanzt ihr froh und munter.
Doch wartet nur, doch wartet nur,
bald pustet euch der Herbstwind runter.

Ihr Kürbisse, ihr Kürbisse,
euer Bauch ist dick – Mann, o Mann!
Die Schnecke, Igel und die Maus,
die knabbern gern daran.

Ihr Pflaumen, ihr Pflaumen,
in eurem Blätterhaus,
die Krähe kommt, die Krähe kommt,
hackt euch die Augen aus.

Ihr Kürbisse, ihr Kürbisse,
wer hätte das gedacht?
Bald werdet ihr ins Haus geholt,
gekocht und eingemacht.

Ihr Pflaumen, ihr Pflaumen,
schon morgen – das ist schade –
da pflückt man euch und kocht euch ein
zu blauer Marmelade.

Ihr Kürbisse, ihr Kürbisse
euch schneidet man bald klein.
Mit Zucker und mit Essig
kocht euch die Mutter ein.

Alle springen auf und rufen:

Doch heute wollen wir noch tanzen,
kommt alle her geschwind!
Nun blas, nun blas die Backen auf
im Herbst, du frischer Wind!

Alle Kinder pusten den Wind herbei. Ein Kind kommt als Wind hergelaufen, tippt nacheinander die Kürbisse und Pflaumen an, bis alle Kinder zu den Klängen von Trommeln und Klangstäben tanzen.

Ein kleiner Kartoffelbauer

Michael hat ein richtiges kleines Beet im Garten. Im vorigen Jahr hat er Pflücksalat und Kresse ausgesät. Schon bald sind die grünen Pflanzenreihen zu sehen gewesen. Oft hat Michael für die Mutter Salatblätter abgepflückt und Kresse für Butterbrote abgeschnitten.
In diesem Frühjahr hat er Kartoffeln in die Erde gelegt. „Mami, ich bin gespannt, wie viele Kartoffeln ich ernten werde!“ ruft Michael. Die Kartoffeltriebe wachsen höher und höher. „Du mußt Erde drumherum aufhäufeln!“ sagt die Mutter. „Die Kartoffeln müssen vor Licht geschützt werden, sonst werden sie grün, und wir können sie nicht mehr essen.“
Schon bald sind die weißen Blüten an den Trieben zu erkennen. „Die und später die grünen Früchte sind giftig!“ warnt die Mutter. „Aber hübsch sehen sie trotzdem aus“, meint Michael.
Immer wieder hackt er das Unkraut weg, damit die Kartoffeln auch tüchtig wachsen können.
Die Kartoffelstauden sind groß und buschig geworden. Allmählich wird es Herbst. Die Kinder lassen die ersten Drachen steigen. „Ich glaube, du kannst bald deine Kartoffeln ernten“, meint die Mutter. „Schau mal, das Kartoffelkraut fängt an zu welken. Das ist ein Zeichen, daß die Kartoffeln reif sind.“
Michael holt die große Grabgabel aus dem Schuppen. Vorsichtig sticht er ins Erdreich hinein. „Mami“, ruft er aufgeregt, „hier hängen zehn Kartoffeln an den Wurzeln, ganz schöne dicke, große!“ Er gräbt aufgeregt weiter. „Hier hängen vierzehn Kartoffeln dran, aus einer einzigen Kartoffel sind sie gewachsen!“
Nach einer Weile hat er einen ganzen Korb voll. „Du bist ja ein richtiger Kartoffelbauer!“ lacht die Mutter. „Heute abend machen wir hinten im Garten ein Kartoffelfeuer, dann gibt es frischgeröstete Kartoffeln und Salz und Butter!“

Hinweis für die Erzieherin: Man verwendet für den Kartoffelanbau nicht Samen, sondern die Kartoffel selber. Es wächst daraus eine Kartoffelstaude, an deren Wurzeln sich neue Kartoffeln – bis zu zwanzig Stück pro Pflanze – bilden. Das Anhäufeln der Pflanze ist wichtig, damit die Kartoffeln vor Licht geschützt sind. Aus den Kartoffelblüten entwickeln sich Früchte, die wie kleine Tomaten aussehen. Sie sind giftig. Lange Zeit war der Kartoffelkäfer ein schlimmer Feind für die Kartoffeln. Ein Kartoffelkäferweibchen legt über 2500 Eier ab. Die Larven können in kurzer Zeit ein Kartoffelfeld leer fressen. Heute versprüht man Pflanzenschutzmittel gegen den Kartoffelkäfer. Das ist aber nicht ungefährlich, weil sich im Boden Stoffe ablagern, die gesundheitsschädlich sind.

Ein Backfest zu Hause

„Mami, warst du noch nicht beim Bäcker? Ich hab' so Appetit auf frische Brötchen, ganz weiß sollen sie innen sein!" – „Ganz weiße Brötchen mit viel süßer Marmelade drauf sind gar nicht so gesund!" sagt die Mutter. „Wir waren doch gestern erst beim Zahnarzt. Wir sollen lieber ordentlich Schwarzbrot mit vielen Körnern drin essen. Weißt du, in dem Vollkornbrot steckt doch noch der kleine Keim drin. Der hat so viel Kraft. Wenn man ihn in die Erde legt, dann kann daraus ein richtig langer Halm werden mit vielen Ähren dran. Und diesen kleinen kräftigen Kerl sollst du doch mitessen, damit du groß und stark wirst!"

„Steckt denn der kleine Kerl nicht auch in unseren weißen Brötchen drin?" fragt Kai. „Nein, beim Mahlen wird dieser wichtige kleine Keim entfernt; da ist nämlich ein ganz gesundes Öl drin, das leicht ranzig wird und das Mehl verdirbt. – Auch die dunklen Randschichten vom Korn werden beim Mahlen herausgenommen, damit das Mehl schön weiß bleibt. Aber da sind ebenso gute Stoffe drin für deine Knochen und Zähne und Haut und Haare. In dem guten dunklen Vollkornmehl sind alle diese Dinge noch enthalten. Ich muß es nur bald verbrauchen, weil es schneller verdirbt."

„Wenn bloß die weißen Brötchen und das weiße Brot nicht so gut schmecken würden!" lacht Kai.

„Wir werden heute nachmittag Brötchen backen. Die werden dir bestimmt schmecken, mit Kümmel und Sesam und Mohn. Wir werden das richtig ausprobieren. Du darfst auch noch Ingo und Rolf einladen, dann machen wir ein kleines Backfest für fleißige Kuchenbäkker!"

Kommt, wir backen Brötchen aus Vollkornmehl

Zutaten für Vollkornbrötchen

3½	Weizenmehl, Type 1050
2	Roggenmehl
1	Salz
1½	Milch lauwarm
5	Öl
1	Zucker
1	Hefe

Sesam Kümmel Haferflocken

1. Schüttet alle Zutaten nacheinander, wie im Rezept zu sehen, in eine große Schüssel. Achtet darauf, daß die Milch lauwarm ist.

2. Knetet alle Zutaten zu einem Teig zusammen. Wenn der Teig zu feucht ist, dürft ihr etwas Mehl hinzufügen.
3. Jetzt muß der Teig ruhen. Deckt die Schüssel mit einem Küchentuch zu und stellt die Schüssel an einen warmen Platz.

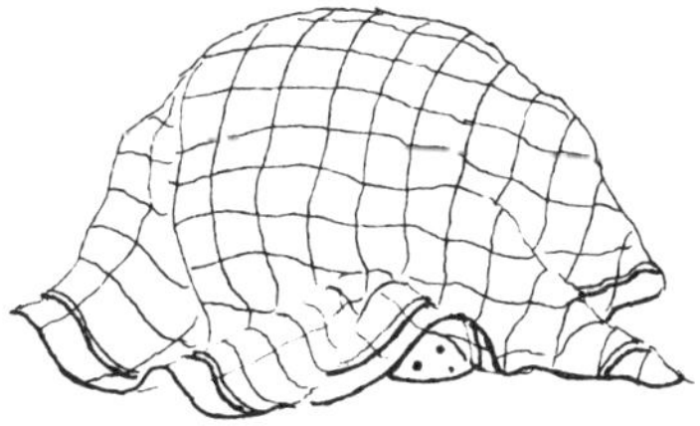

4. Nach einer halben Stunde ist der Teigklumpen größer geworden.
5. Knetet ihn noch einmal recht kräftig durch.
6. Teilt den Teig in pflaumengroße Stücke und formt Brötchen daraus. Legt die Brötchen auf ein gefettetes Backblech, bestreicht sie mit Milch und bestreut sie mit Kümmel, Sesam, Mohn oder groben Haferflocken.
7. Jetzt müssen die Brötchen wieder ruhen, eine halbe Stunde lang.

8. Danach werden sie gebacken bei 200°, etwa 20 Minuten lang.

Guten Appetit!

Statt vieler einzelner Brötchen könnt ihr alle bestreuten Brötchen zu einer bunten „Torte“ auf dem Backblech zusammenschieben und backen. Eine Brötchentorte sieht gut aus, und es macht Spaß, sich ein leckeres Brötchen herauszubrechen.

(E. Scharafat)

Das Mahle-Mühle-Lied

Text: Barbara Cratzius Melodie: Paul G. Walter

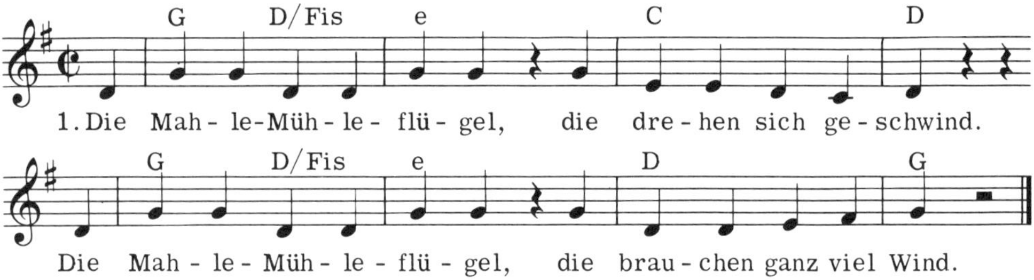

2. Du, Mahle-Mühle-Müller,
noch sind die Säcke leer.
Du, Mahle-Mühle-Müller,
bring du das Mehl uns her.

3. Das Mahle-Mühle-Mahlen
hört Tag und Nacht nicht auf.
Der Sturm greift in die Flügel
auf seinem langen Lauf.

4. Du, Mahle-Mühle-Müller,
nun sind die Säcke schwer.
Das gute Mehl, das bringst du
ganz schnell zum Bäcker her.

5. Du backst uns süßen Kuchen,
auch Brötchen und das Brot.
Wir haben satt zu essen.
Wir kennen keine Not.

6. Ihr Mahle-Mühle-Flügel,
nun dreht euch doch geschwind.
Mahlt Mehl für so viele Kinder,
die heute hungrig sind.

Transparentes Fensterbild mit Silberlingen

Material:
Silberlinge (getrocknet)
Transparentpapier, gelb
Tonpapier
Klebstoff
Schere

Reife Silberlinge, auch Silbertaler genannt, stehen ab August in sehr vielen Gärten.
Aus ihren Samenständen wollen wir ein schönes Fensterbild herstellen.
Dazu werden zunächst Tonpapierstreifen zugeschnitten:
2 mal 2 cm breit und 20 cm lang
2 mal 2 cm breit und 15 cm lang
Diese Streifen fügt ihr zu einem rechteckigen Rahmen zusammen, auf welchen von einer Seite Transparentpapier geklebt wird.
Auf das Transparentpapier streut ihr viele Silbertaler und klebt diese auf, sobald euch die Anordnung gefällt.
Mit einem Faden wird das fertige Bild ins Fenster gehängt. Hierdurch kommen die reizvollen Muster besonders zur Geltung!

(U. Weber)

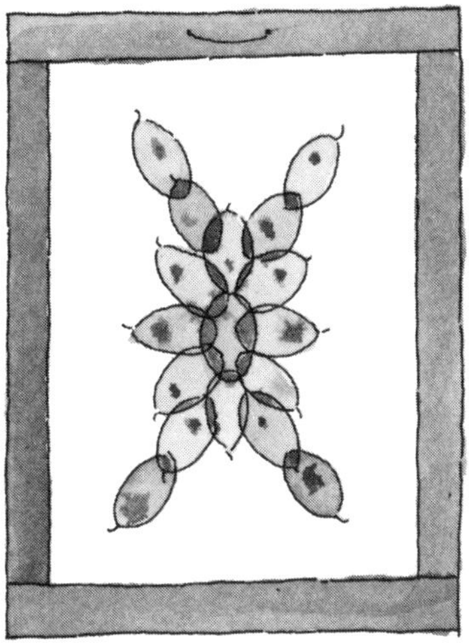

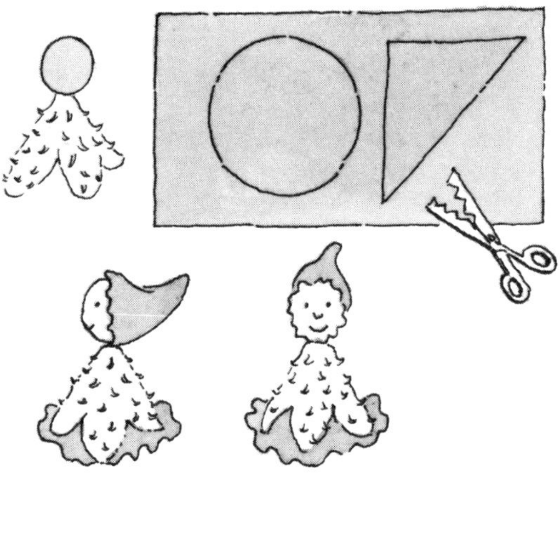

Bucheckern-Kind

Material:
Holzkugeln, etwa 12 mm im Durchmesser
Bucheckern-Hülsen
roter Filz
Filzstift, schwarz und rot
Zackenschere
Klebstoff

Stellt eine Bucheckernhülse vor euch auf den Tisch und klebt auf diese eine Holzkugel.
Auf den Filz malt ihr einen Kreis (Fünfmarkstück) als Rock und ein Dreieck, welches sich nach der Kugelgröße richtet, als Kopftuch auf.
Beide Teile werden mit der Zackenschere ausgeschnitten.
Das Kopftuch klebt ihr so auf die Kugel, daß zwei Ecken vorn am Kinn zusammentreffen.
Jetzt streicht ihr von unten Klebstoff in die Hülse und drückt den Filzkreis hinein. Dabei formt sich das Röckchen von allein.
Mit den Filzstiften bekommt euer Kind sein Gesicht aufgemalt.

(U. Weber)

Wir backen Apfeltaschen

Koche Apfelmus aus 6 Äpfeln
1 Eßl. Ursüße (wird aus dem getrockneten Pflanzensaft von Zuckerrohr gewonnen und enthält (ähnlich wie ein Gemüsesaft) die natürlichen Mineralstoffe, Aminosäuren und Vitamine, weit mehr auch als der braune Zucker. (Ursüße gibt es bis jetzt nur im Reformhaus.)
2 Eßl Rosinen

Während das Apfelmus abkühlt, bereiten wir den Teig für die Apfeltaschen zu.

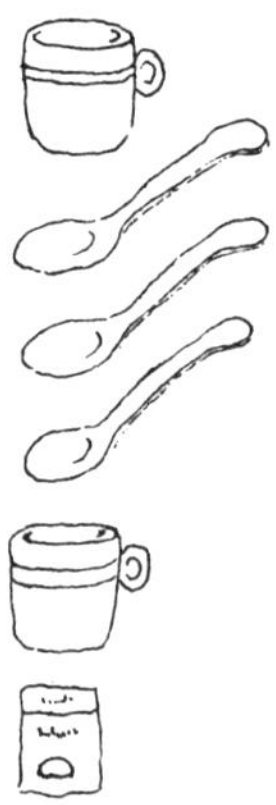

3	Mehl
	Ursüße
6	Öl
6	Milch
6	
1	Quark
1	Backpulver

1.

2.
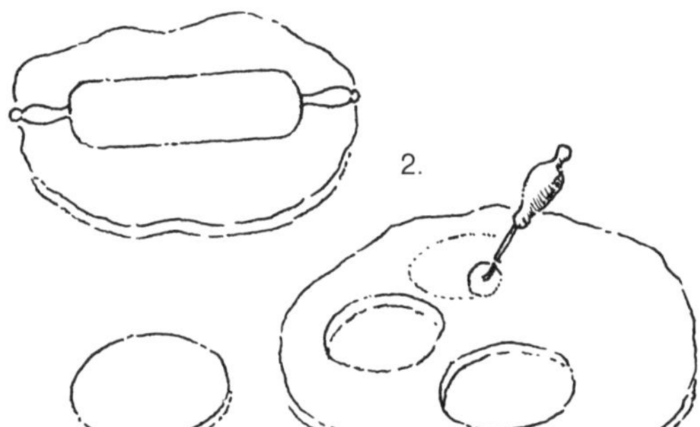

3.
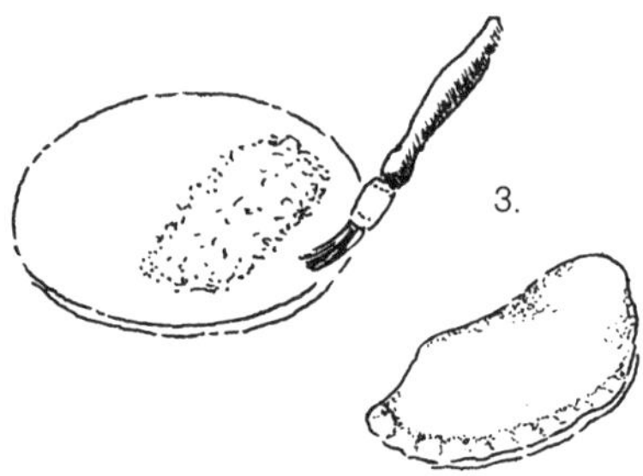

1. Wir vermengen alle Zutaten und kneten den Teig, bis er glatt und geschmeidig ist.
2. Wir rollen ihn auf einem bemehlten Brett aus und stechen ∅ 10 cm große Kreise aus.
3. Auf die eine Hälfte füllen wir Apfelmus und bestreichen den Rand des Kreises mit geschlagenem Ei. Dann decken wir das Apfelmus mit der zweiten Teighälfte zu und drücken den Rand fest zusammen.

Backzeit: ca 15 Min.
Temperatur: 200°

(E. Scharafat)

5 Der Hamstervater Backendick, der hat im Herbst stets großes Glück

(Tiere im Herbst)

Eichhörnchen im Herbst

Susanne und Michael machen mit dem Kindergarten einen Ausflug in den Park. Sie haben sich warm angezogen. Obwohl die Sonne scheint, ist es draußen sehr kalt. „Guck mal, ich kann meinen Atem richtig sehen!" lacht Michael und haucht in die kalte Winterluft. Auf einmal raschelt es über ihnen in den Zweigen der hohen alten Buche. „Oh, ein Eichhörnchen!" ruft Susanne. „Und ich dachte, daß die Eichhörnchen jetzt im Winter schlafen wie die Igel und Schnecken!" sagt Michael.

Die Erzieherin erklärt: „Das Eichhörnchen zieht sich im Winter in sein warmes Nest hoch oben in den Bäumen zurück. Dort hält es eine Zeitlang seinen Winterschlaf. Aber zwischendurch wacht es immer wieder auf und schlüpft zu seinen „Vorratskammern", die es sich im Herbst angelegt hat. In hohlen Baumstümpfen, unter Steinen, in Astlöchern und Ritzen hat es Nüsse, Samen, Bucheckern, Beeren und Pilze versteckt. Am liebsten frißt es Haselnüsse. Mit den Vorderpfoten hält das Eichhörnchen die Nuß fest und knackt sie mit den scharfen Vorderzähnen auf. Viele „Schätze" findet es aber nicht wieder. Im Frühjahr sprießen aus solchen vergessenen Samen grüne Keimlinge. Daraus können Bäume und Sträucher wachsen. „Da ist das Eichhörnchen ja ein richtiger Gärtner!" lacht Susanne.

Paranuß-Hamster

Material:
Paranüsse
Lederreste
Filzstift, schwarz
Klebstoff
Schere

Sucht euch eine Paranuß aus, die gut stehen bleibt, wenn ihr sie auf den Tisch legt. Beklebt sie mit einem weichen Stoffrest.
Nun schneidet aus Leder zwei Ohren und einen Stummel-Schwanz zu und klebt diese so an die Schale, daß ein Hamster entsteht.
Mit dem Filzstift bekommt der Hamster zwei Augen aufgemalt.

(U. Weber)

Lied von den Hamstern

Text: Barbara Cratzius Melodie: Paul G. Walter

2. Der Hamstervater Backenvoll,
der treibt es jeden Herbst ganz toll.
Er nagt die Roggenähren aus,
schleppt schwere Lasten in sein Haus,
immer mehr, mehr, mehr,
der kalte Winter kommt bald her.

3. Der Hamstervater Backenschwer,
der frißt die Weizenähren leer.
Schnell alles in die Gänge rein,
das soll die Vorratskammer sein,
immer mehr, mehr, mehr,
der kalte Winter kommt bald her.

4. Der Hamstervater Backenfett,
der polstert sich sein Winterbett.
Bald schließt er seine Höhle zu
und hält gemütlich Winterruh,
schlaft nur gut, gut, gut,
der kalte Winter euch nichts tut.

Vögel mit Kompaß

Über dem Scheunendach kreist ein Storch. Ein zweiter fliegt heran, jetzt schweben schon drei, vier, fünf Störche hoch über den Dächern der Wiese zu. Die Kinder aus dem Kindergarten schauen ihnen nach. Mit schnellem Flügelschlag steigen sie höher und höher und sind bald hinter dem Waldrand verschwunden.
„Kommen die heute abend wieder zurück?" fragt Michael.
„Nein, sie fliegen ganz weit weg", sagt die Erzieherin, „erst im nächsten Frühjahr kommen sie wieder zu uns zurück."
„Schade, warum bleiben sie denn im Winter nicht bei uns wie die Spatzen und die Enten und Schwäne?" fragt Dirk.
„Den Störchen ist es im Winter bei uns zu kalt", sagt die Erzieherin, „die Seen und Sümpfe frieren zu, und sie können keine Frösche und Fische mehr fangen."
„Finden sie denn im nächsten Jahr wieder den Weg zurück?" fragt Tanja.
„Die Störche fliegen gerne den gleichen Weg nach Afrika und wieder zurück", sagt die Erzieherin. „Sie fliegen aber nicht über das große weite Meer, sondern immer so, daß sie Land unter sich haben. Sie fliegen über Spanien oder Griechenland nach Afrika.
„Da war ich mal", sagt Peter, „da sind die Störche wohl auch über uns rübergeflogen."
„Fliegen denn die jungen Storchenkinder immer hinter den Eltern her?" fragt Michael. „Ja", meint die Erzieherin, „aber sie können den Weg auch allein finden. Sie haben so eine Art Kompaß in sich, der zeigt ihnen den Weg."
„Toll", sagt Michael, „so einen Kompaß möchte ich auch haben, besonders jetzt, wenn Mutter vor uns den süßen Pflaumenkuchen versteckt, daß wir nicht heimlich davon naschen können!"

Hinweise für die Erzieherin: Der Storch hat über zwei Meter lange Flügel. Sie tragen ihn vom Norden Europas bis zur Südspitze Afrikas, mehr als 10000 km. Die Orientierung auf dieser gewaltigen Wegstrecke ist vererbt und braucht nicht erlernt zu werden. Jungstörche, die in Gehegen gelebt haben, finden allein die richtige Flugstrecke bis nach Kapstadt und zurück ins heimische Dorf. Die Störche vermögen, obwohl Segler, die Aufwinde über dem Mittelmeer nicht zu nutzen. Daher fliegen sie die Landstrecke über Gibraltar und den Bosporus. Ihre Geschwindigkeit beträgt 45 km pro Stunde. Auf dem Heimweg fliegen sie viel schneller, 150 km pro Stunde, so als ob sie Sehnsucht nach dem heimatlichen Nest hätten.

Storchengeklapper

Text: Barbara Cratzius Melodie: Paul G. Walter

2. Wer fliegt denn wohl voran?
Storchenvater Roter Strumpf
fliegt als erster aus dem Sumpf.
Folgt in hohem Bogen!
Klipp-klapp!

3. Wo fliegen wir denn hin?
In den Süden weit am Nil,
Frösche gibt's und Sümpfe viel.
Das wird euch gefallen.
Klipp-klapp!

4. Wann kehren wir zurück?
Wenn die Sonne wärmer scheint
und der Schneemann tropft und weint,
fliegen wir nach Norden.
Klipp-klapp!

5. Wo baun wir unser Nest?
Wieder auf dem Scheunendach?
Macht's dem Storchenvater nach
auch im nächsten Jahre!
Klipp-klapp!

Schwalbenlied

Text: Barbara Cratzius Melodie: Paul G. Walter

2. Da kommt die zweite Schwalbe.
In schnellem Flug schießt sie heran.
„Hast du das Bäuchlein vollgestopft?“
„Ich jag’, soviel ich haschen kann.“
Kommt her …

Die Kinder sitzen im Kreis. Ein Kind fliegt mit ausgebreiteten Armen im Innenkreis herum, tippt nacheinander die einzelnen Kinder an, bis alle in großen Schwüngen im Innenkreis herumfliegen.

3. Da kommt die dritte Schwalbe.
Sie putzt sich ihre Federn blank.
Dann trinkt sie sich noch einmal satt,
der Flug ist weit, die Fahrt ist lang.
Kommt her …

4. Da kommt die vierte Schwalbe.
„Grüß Gott, ich flieg’ nicht gern allein,
und morgen früh, so kurz nach acht,
wolln wir schon weit im Süden sein.“
Kommt her …

5. Da kommt die fünfte Schwalbe.
„Wie gut, ich komme nicht so spät.
Ganz früh bin ich schon aufgewacht,
weil's heute auf die Reise geht."
Kommt her ...

6. Das ist ein Zwi-Zwi-Zwitschern.
Es kommen mehr und immer mehr.
An Tor und Tür, am Scheunendach
sind alle kleinen Nester leer.
Kommt her ...

7. Die schwarzen Schwänze wippen.
Wir wünschen auf der Reise Glück.
Seid, liebe Schwalben, übers Jahr
pünktlich zu Ostern doch zurück.
Kommt her ...

Abschied der Schwalben

Textgemäß bewegen sich die einzelnen Finger, und der Arm beschreibt große Flugbögen.

Die erste fliegt noch mal zum Nest,
das hängt am Scheunenbalken fest.

Die zweite schießt am Kirchturm vorbei,
wir kommen wieder im nächsten Mai.

Die dritte ruft: Auf Wiedersehn,
wir müssen auf die Reise gehn!

Die vierte ruft: Hurra, hurra,
ich freu mich aufs warme Afrika.

Die fünfte fängt eine Mücke schwipp-schwapp,
dann geht die große Reise ab.

Die Geschichte von den hungrigen schwarzen Krähen

Auf den Telefondrähten haben sich die Schwalben versammelt. Sie schwatzen und piepsen, wippen mit den Schwanzfedern und drehen die kleinen Köpfe aufgeregt hin und her. Ab und zu schwingt sich eine junge Schwalbe hoch in die Luft, läßt sich fallen, steigt und schwebt und übt den Sturzflug und das Landen. „Übt nur! Übt!" ruft der Schwalbenvater seinen Jungen zu, „bald geht's auf die große Reise!" – Und dann zwitschert er seinen Kindern das Reiselied zu.

Bald wolln wir nach Süden fliegen,
wo die warme Sonne lacht.
Lang wird unsre weite Reise,
viele Wochen, Tag und Nacht.

Spannt nur fleißig eure Flügel,
jedes kleine Schwalbenkind,
laßt euch treiben, schweben, fallen,
kühler weht im Herbst der Wind.

Eines Morgens sind alle fort. Leer sind die Telefondrähte. Auch die Störche, die über den feuchten Wiesen kreisten, sind verschwunden. Der Kuckuck läßt nicht mehr seine fröhlichen Rufe im Wald ertönen, daß die Kinder mitzählen können. Die Wildgänse, die Kiebitze und Stare – alle haben sich auf die weite Reise gemacht.

Die schwarze Krähe hockt mißmutig auf dem kahlen Krähenbaum. „Kra, kra", ruft sie, „wenn ich doch auch mitziehen könnte! Ich fühle die Kälte schon durch mein dichtes Federkleid hindurch. Jedes Jahr ist es dasselbe. Warum haben wir Krähen nicht so schöne schnelle Flügel bekommen wie die kleinen Schwalben oder so kräftige Schwingen wie die Störche! Mir graust schon davor, wenn alle Sträucher leer und alle Beeren abgepickt sind.

Winterstürme hör ich brausen
überm dunklen Winterwald.
Warme Sonne ist verschwunden,
und es wird so kalt, so kalt,

krächzt sie traurig. – „Wer wird denn da Trübsal blasen?" flötet die Amsel. „Schau, mein Bauch ist dick und rund. Ich hole mir jeden Morgen die roten Beeren vom Feuerdorn, und Holunderbeeren gibt's auch noch genug. Und wenn es ganz kalt wird, dann flieg' ich zum Futterhäuschen. Da streuen mir die Kinder jeden Morgen frische Körner raus."
„Für das Futterhäuschen bin ich viel zu groß!" schnarrt die Krähe. „Da jagen mich die Menschen doch gleich wieder fort. Ich werde in den Wald fliegen und auf Würmerjagd gehen." Sie hebt ihre Schwingen und zieht über den dunklen Tannen ihre Kreise. Aber der Eichelhäher hat sie schon erspäht:

Die Krähe kommt, die Krähe kommt,
sie fängt euch kleine Käfer noch!
Nun trippelt los, so schnell ihr könnt,
in euer tiefes Käferloch,

schnarrt er.
Und wirklich – wie leergefegt ist der Waldboden. Auf dem angrenzenden Kohlfeld ist auch nicht das kleinste Käferchen zu sehen. Nur Hase Langohr macht höhnisch Männchen und ruft:

Dumme schwarze Krähe du,
breit nur deine Flügel aus.
Wurm und Käfer, Schnecken, Maus,
sitzen brav in ihrem Haus.

Die Krähe stürzt sich herab und will dem frechen Hasen einen kräftigen Schnabelhieb auf seine vorwitzigen Ohren geben; aber Hase Langohr schlägt seine flinken Haken zwischen den Ackerfurchen entlang, daß der Krähe ganz schwindlig wird im Kopf. Sie flattert mit

schwerem Flügelschlag auf den Telegraphenmast und blickt zornig umher.
Das kleine muntere Wiesel schlängelt sich an den Kohlstrünken entlang. Wupp – da hat es eine Maus erwischt, noch ehe die Krähe hinunterfliegen kann. Unter einem hohen Steinhaufen ist es verschwunden.

Dumme schwarze Krähe du,
wieselflink, das muß man sein.
Du kannst nur im Baume sitzen,
und dich noch ganz heiser schrein,

höhnt das kleine braune Wiesel.
Zornig schwingt sich die Krähe empor und fliegt hinunter zu den Häusern der Menschen. Mit scharfem Auge sucht sie die Straßen und die Bürgersteige ab. Ein Auto nach dem andern rollt die Straße entlang, vor den Geschäften drängen sich die Menschen mit vollgepackten Taschen. Ab und zu erkennt sie eine Brotrinde am Straßenrand, aber sie wagt nicht, hinunterzufliegen. „Wie viele Leute da unten unterwegs sind“, denkt die Krähe. Und all die Lichterketten in den Straßen und die Sterne und der Duft von Bratäpfeln und gebrannten Mandeln! Ihr läuft das Wasser im Schnabel zusammen.
Da sieht sie unter sich einen großen freien Platz. Viele Kinder laufen durcheinander, lachen und toben. Und da liegen auch Brotrinden und Käse- und Wurstreste auf dem Boden!

Dort möcht’ ich so gern landen,
oh – was hab’ ich da entdeckt!
Wurst und Brot und leckrer Käse,
alles, alles, was mir schmeckt,

krächzt die Krähe. Da hört sie ein lautes Klingeln. Sie zuckt zusammen. Wie von einem Zauberwort gerufen, laufen die Kinder tobend und schreiend in das Haus hinein. Wie leergefegt ist der große Hof.
„Da hab ich Glück gehabt!“ denkt die Krähe und läßt

sich gerade vor einem Wurstzipfel nieder. Noch einer und noch einer! Und Brotrinden gibt es auch! Wie im Krähen-Schlaraffenland! – Aber da hört sie über sich ein Flattern und Kreisen von anderen schwarzgefiederten Gesellen. Nein – heute will sie die anderen Krähen nicht weghacken. „Kommt her!“ ruft sie, „das ist ja heute wie Weihnachten! Für uns alle ist der Tisch gedeckt!“

Liebe Kinder, groß und klein,
seht – wir fliegen her von weit,
und wir futtern und wir schmausen
in der kalten Winterzeit,

krächzen die Krähen und flattern vor den Schulfenstern auf und nieder. „Morgen bringen wir euch noch genügend Reste aus der Küche mit“, rufen die Kinder. „Ihr sollt nicht verhungern im kalten Winter!“

Spiellied von den Igeln

Text: Barbara Cratzius Melodie: Paul G. Walter

2. Oh, die Stacheln, oh, die Stacheln
stechen, pieken sehr!
Warum müßt ihr sie so spreizen,
hört doch einmal her!

3. Oh, ihr Igel, oh, ihr Kinder,
zieht die Stacheln ein!
Dann rückt lieb und nah zusammen!
Laßt uns Freunde sein!

4. Kommt, wir reichen uns die Hände,
keiner bleibt allein,
und wir holen alle Kinder
in den Kreis hinein.

Musikalischer Bewegungsvorschlag für das Igellied

Die Kinder bilden einen Kreis. Einige Kinder tapsen als Igel einige Male im Kreisinnern herum; sie bewegen sich nach dem Rhythmus von Trommeln und Klanghölzern.
Nach einer Weile hocken sie sich in der Kreismitte zusammen (1. Strophe). Ein Kind deckt für kurze Zeit eine Wolldecke über die Igel, unter der sie sich eng aneinanderkuscheln. Dann wird die „Laubdecke" wieder abgezogen. Die Igel pieken sich (vorsichtig) mit den Fingerspitzen auf den Rücken (2. Strophe). Bei der 3. Strophe ziehen die Igel ihre Stacheln wieder ein, schlagen die Arme umeinander und rücken „lieb und nah zusammen". Bei der 4. Strophe stehen die Igelkinder wieder auf, bilden einen Innenkreis und tanzen in der gleichen Richtung wie die Kinder im Außenkreis mehrmals herum.

Igelbasteleien

Igel aus Pappe und Strohhalmen

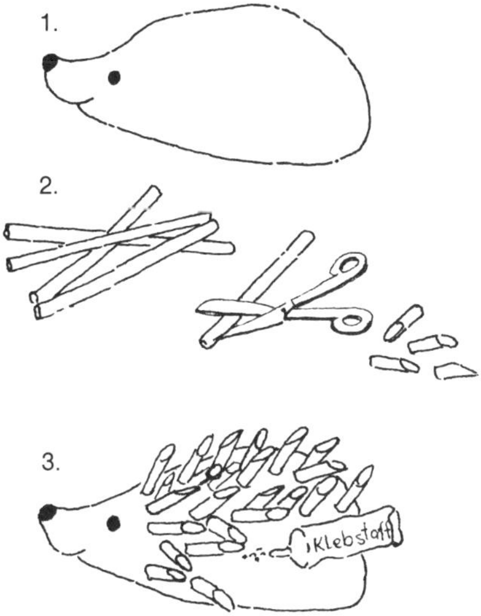

Arbeitsmaterial:
Pappe
Strohhalme
Klebstoff
Schere
Filzstift

Arbeitsanleitung:
1. Igelform aus Pappe ausschneiden. Schnauze und Augen mit Filzstift aufmalen.
2. Strohhalme in gleich lange Stücke schneiden.
3. Diese auf den Igelkörper kleben.

(U. Weber)

Igel aus Salzteig

Igelkörper aus Salzteig formen, mit Zahnstochern oder Strohhalmen bestecken. Den Igel im Backofen (100°) trocknen. Augen und Schnauze mit Plakafarben aufmalen.

(U. Weber)

Birnenigel (ca. 8 Stück)

Zutaten:
Birnenhälften aus der Dose
Schokoladenpuddingpulver
Milch
Mandelstifte

Arbeitsanleitung:
Birnenhälften auf Teller verteilen. Schokoladenpudding nach Anleitung herstellen. Den Pudding (noch etwas flüssig) über die Birnenhälften geben. Die Birne bis auf den Schnauzenteil (Stielende) mit Mandelsplittern bestecken. Der Birnenigel schmeckt köstlich.

(U. Weber)

Pistazien-Mäuse

Material:
Schalen von Pistazien
Tonpapier
Filzstifte
Klebstoff
Schere

Ganz schnell zu basteln sind lustige Mäuse aus Pistazien-Schalen:
Auf ein Blatt Tonpapier (etwa 15 × 10 cm) werden einige Pistazienschalen aufgeklebt.
Mit einem Filzstift malt ihr zwei Punkte als Augen, Barthaare und Schwanz auf die Schale.

(E. Weber)

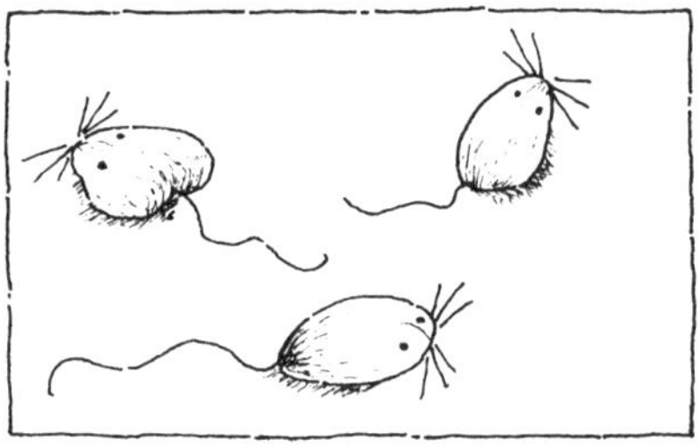

Klopf, klopf, klopf ...

Klopf, klopf, klopf,
mit dem roten Kopf.
Holt sich fette Würmer raus,
baut sich schnell ein festes Haus.
Fleißig wie ein Zimmermann,
wer wohl das erraten kann?

(Buntspecht)

Hat ein sammetweiches Fell,
gräbt und buddelt Gänge schnell.
Seht die Hügel, dicht an dicht,
Sonnenlicht, das mag er nicht.

(Maulwurf)

Schnauft ein Stichel-Stachel-Mann,
mit der schwarzen Schnauze dran,
schläft in seinem Blätternest
den langen kalten Winter fest.
In der warmen Frühlingsnacht
ist er hungrig aufgewacht,
frißt den fetten Schneckenbraten,
kannst du seinen Namen raten?

(Igel)

„Knisper – knusper – Tannenzapfen,
überm Schnee die kleinen Tapfen.
Hat die Nuß im Herbst versteckt,
ob er sie wohl jetzt entdeckt?

(Eichhörnchen)

Samen, Körner immer mehr
schleppt er säckeweise her.
Tag für Tag, ist das nicht toll,
stopft er sich die Backen voll.

(Hamster)

6 Da flattert mein bunter Drachen!

(Wir spielen im Herbst)

Hurra – wir lassen die Drachen steigen!

„Heute ist richtiges Drachenwetter!" lachte der Vater. „Peter, willst du nicht deine beiden Drachen steigen lassen? Der neue bunte wird sicher besonders hoch fliegen!" – „O ja, fein, Vati", rief Peter, „ich leg' die beiden Drachen schon mal raus auf den Gartentisch! Du hilfst mir die lange Drachenschnur festbinden, ja?" Da lagen nun die beiden Drachen nebeneinander. Dem neuen Drachen hatte der Vater große blaue Augen und einen leuchtenden roten Mund angemalt. Und so viele bunte Schleifen hatte er an die Seite geklebt, flatternde rote, grüne und blaue Schleifen. „Du kommst dir wohl mächtig schön vor!" krächzte die alte Krähe hoch vom Krähenbaum. „Und eitel scheinst du auch zu sein, so wie du deinen frechen roten Mund verziehst und die Schleifen herumzeigst!"

Ha – ich bunter Drachenvogel,
ich werd's bald euch Vögeln zeigen!
Höher, als die Störche schweben,
werd' ich in den Himmel steigen!

prahlte der bunte Schleifendrachen. Peters alter schwerer Drachen mit dem grauen harten Drachenpapier und dem schweren Holzgerüst sagte gar nichts. „Ich bin viel zu schwer zum Hochsteigen!" dachte er. „Im vorigen Jahr, da war ja immer so wenig Wind, da habe ich kaum die Höhe vom Telegraphenmast erreicht, dann war's vorbei mit dem Fliegen. Ja – bei dem neuen Schleifendrachen, da hat der Vater ganz dünne Latten genommen, der wird davonschweben wie ein Vogel!" „Mach dir nichts aus dem frechen Gerede von dem bunten Kerl!" krächzte die Krähe. „Vögel mit schweren Flügeln können ganz hoch und lange fliegen, denke nur an die Wildgänse im Herbst!"

Sei nicht traurig, alter Drachen,
du wirst auch noch schweben!

Freu dich doch, bald wird es Sturm,
Brausesturm hier geben!

Die alte Krähe schlug mit den Flügeln auf und ab und rückte auf dem Ast ein bißchen hin und her. „Ich merk' es an meinen alten Knochen!" krächzte sie, „der Sturm schlägt um, der wird bald um die Dächer pfeifen!" Inzwischen hatte der Vater die langen Drachenschnüre befestigt. Er steckte den Finger in den Mund und hielt ihn hoch. „Der Wind weht aus Norden, scharfer kalter Drachenwind ist das!" lachte er. „Komm, wir laufen raus aufs Feld, da können die Drachen ordentlich hochsteigen!" Der Vater klemmte sich die beiden Drachen unter den Arm. „Ich kann es kaum erwarten", flüsterte der Schleifendrachen. „Komm mir nicht zu nahe, du altes Ungetüm, du zerreißt mir mit deinen scharfen Kanten noch mein schönes Papiergesicht!" „Sei nicht bös", bat der alte Holzdrachen, „ich kann doch nichts dafür, daß der Vater uns so zusammendrückt!" „Vati, zuerst den neuen Drachen, ich glaube bestimmt, der fliegt noch bis zum Kirchturm hoch!"

Gib nur acht, die Eulen fürchten
sich vor den Gespenstern!
Flieg nur nicht so nah ans Nest
oben bei den Kirchturmfenstern!

warnte die alte Krähe höhnisch. „Du kriegst noch ein paar scharfe Schnabelhiebe auf deine Nase, mit Eulenmüttern ist nicht zu spaßen!" Da lief Peter mit großen Schritten über das Feld und zog den Schleifendrachen hinter sich her. Hui, packte ihn der Herbstwind und schleuderte ihn hoch in die Luft. Die lange Drachenschnur wirbelte herum, hin und her tanzte der Drachen. „Nicht so doll, lieber Wind!" schrie Peter. „Du machst ja meinen schönen neuen Drachen kaputt!" Aber der Drachen stieg höher und höher – geradewegs auf den Krähenbaum zu. Die alte Krähe schlug aufgeregt mit den Flügeln und flog bis zur Spitze des Bau-

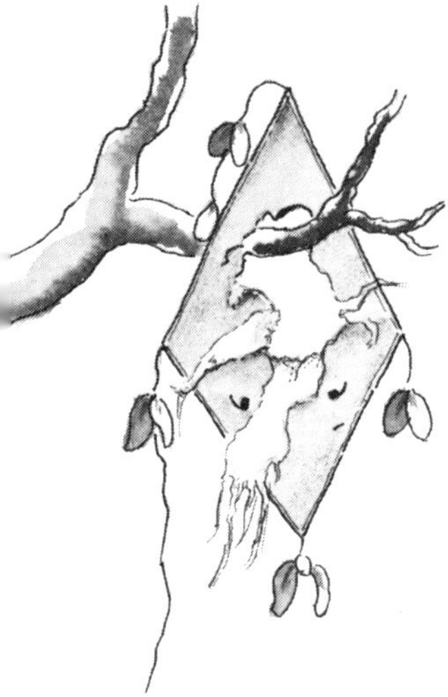

mes empor. „Man kriegt ja richtig Angst vor dir!" krächzte sie aufgeregt. Rums, da hatte sich die Drachenschnur im Geäst verfangen. Ein Zweig riß ein großes Loch in das hübsche Drachengesicht. Nun sah der Mund ganz schief und traurig aus. Der Drachen hing kopfüber in den Zweigen. Nur ein Stück Schnur flatterte noch im Wind.

„Du hast ja noch den alten Drachen!" tröstete ihn der Vater. „Versuch es doch damit, morgen bau' ich dir einen neuen mit vielen bunten Schleifen dran!"

Als Peter mit großen Schritten über das Feld lief, hob der starke Wind den Drachen langsam hoch. Das schwere Holzgerüst konnte er nicht so mutwillig hin- und herschlagen. Langsam und stetig stieg der Drachen höher und höher. In einer großen Runde flog er über das Feld bis hinüber zum Waldrand. Peter zog ihn weiter bis zur Wiese und wieder zurück. „Toll!" sagte die alte Krähe, „da wird man ja ganz neidisch, so schön kannst du fliegen!" Peter zog den schweren alten Holzdrachen ganz stolz hin und her über das Feld. „Vati!" rief er, „ich glaube, du brauchst mir keinen neuen Drachen zu bauen. Der alte Drachen ist einfach toll!"

Zungenbrecher

Dörtes Dackel läuft mit dem Drachen um die Wette über die Wiesen.

Klaus kippt die Kanne mit Kastanien um.

„Bitte, Mami, back heute Birnenkuchen!" bettelt Beate.

Am Knusperhäuschen kaut Kurt knackige Körner und Kerne.

Mein Drachen

Text: Barbara Cratzius Melodie: Paul G. Walter

3. Nun soll er kräftig flattern,
wir lassen lang das Band
dort drüben bei den Pappeln
am grünen Wiesenrand.

4. Da läßt er hoch sich treiben.
Schnell greift ihn sich der Wind.
Lang sollst du oben bleiben,
so flieg du nur geschwind!

5. Vorbei an Pferden, Schafen,
weit über Wies und Feld.
Nun segelst du zum Hafen,
wie dir es so gefällt.

6. Da siehst du Schiffe liegen,
den Mast, den Schornstein dort,
die Möwen segeln, fliegen,
du jagst sie alle fort.

7. Ein Vogel, rot wie Feuer,
wild flattert bunt der Schwanz,
ist ihnen nicht geheuer,
ein wilder Drachentanz.

8. Du bist genug geflogen.
Komm, nimm doch nicht Reißaus,
bist hoch und weit gezogen,
komm, flieg nun schnell nach Haus!

9. Da schüttelt sich der Drachen,
schaut nicht mehr zu mir her.
Ich seh' den Mund noch lachen,
dann fliegt er übers Meer.

10. Nun ist er ganz verschwunden,
so weit trieb er hinaus.
Und wenn du ihn gefunden,
so bring ihn mir nach Haus.

Rätsel malen

(mit Fingerfarben zu malen)

Komm und hör mir einmal zu,
ich mal' ein Viereck,
die Augen malst du.
Die Nase – ein Strich,
die male ich.
Der Mund
ist ein halbes Rund.
Nun kommt noch ein langes Band daran
mit Schleifen, daß er auch fliegen kann.
Ist das ein Starmatz? Eine Krähe? Ein Storch?
Nein, nein, kein Vogel horch nur, horch!
Doch kann er auch fliegen und Reisen machen!

– Das ist ein lustiger bunter Drachen!

Fingerspiel im Herbst

Ich hab' eine lange Schnur daran flattert mein bunter Drachen.	Linken Arm hochhalten, an den Unterarm der rechten Hand fassen; rechte Hand flattert hin und her.
An jeder Ecke fünf Schleifen, sein Mund kann lustig lachen.	Finger der rechten Hand bewegen.
Mein Drachen steigt hoch und höher,	Rechten Arm hochheben, auf die Zehenspitzen stellen.
es treibt ihn der wilde Wind.	Pusten.
Da steigt er über die Dächer und tanzt und wirbelt geschwind.	Mit den Händen ein Dach bilden. Rechter Arm tanzt auf und nieder.
O seht – nun zappelt er wilder und fliegt übers hohe Dach.	Stärker pusten und zappeln.
Frohe Fahrt – mein lieber Drachen, wir winken alle dir nach.	Linke Hand „fliegt" fort, beide Hände hochwerfen, nachwinken.

Spiel vom Apfelbaum und Igel

Ein Apfelbaum wächst hinterm Haus und streckt weit seine Äste aus. Da hängen viele Äpfel dran, nun kommt und schaut sie alle an!	Kinder wachsen langsam aus der Hocke empor, Arme über dem Kopf nach oben recken, langsam die Hände weit vom Körper entfernt heruntergleiten lassen, eine Weile waagerecht halten.
Der Wind schwingt die Äste hin und her, die Äpfel reifen, die Äste sind schwer.	Kinder pusten kräftig, Arme schwingen auf und ab.
Da kommen die Krähen angeflogen, umkreisen den Baum in hohem Bogen.	Ein Kind bleibt als „Baum" stehen, die andern fliegen als Krähen umher.
Sie fliegen von nah, sie kommen von weit und krächzen: Wir picken uns Äpfel heut.	Zum Takt einer Handtrommel „picken" die Krähen im Fluge von den Apfelzweigen. Das „Apfelbaumkind" kann die Arme immer wieder ausruhen und herunterhängen lassen.
Doch wütend krächzen die Krähen dann: Nein, nein! Die Äpfel brauchen noch Sonnenschein! Sie sind ganz sauer, hart und grün, weil die faule Sonne zu wenig schien.	
Ihr Sonnenstrahlen, wir rufen euch, macht alle Äpfel süß und weich. Da kommt die liebe Sonne und strahlt, hat den Äpfeln rote Backen gemalt.	Die Kinder umkreisen als Sonnenstrahlen den Apfelbaum, Finger gespreizt, langsam wiegendes Gehen, dazu helle Triangelschläge oder Glockenspiel.
Kommt, Kinder, holt die Leiter herbei und pflückt die Äpfel, 1-2-3. Schleppt auch die Apfelkörbe her,	Kinder schleppen pantomimisch die schweren Körbe her und legen die Äpfel hinein.
sie sind bald voll und ganz, ganz schwer.	Pause
Unter Blättern hat sich ein Apfel versteckt, den hat kein Kind und kein Vogel entdeckt.	Die Kinder halten die linke Hand wie ein Dach über die rechte Hand.
Hier oben wird mich niemand sehen, ich tanz' an den Zweigen, wenn die Winde wehen.	Kinder pusten, „Apfelbaum" schwingt mit den Zweigen hin und her.

Peter und das Pony sind krank

„Mami, ich hab' solche Halsschmerzen!" sagt Peter leise, als er mittags ganz blaß aus dem Kindergarten kommt. „Aber ich glaub', morgen ist es bestimmt wieder gut! Wir wollen doch morgen mit der Gruppe in den Wildtierpark fahren und uns die kleinen Ponys angucken. Vielleicht dürfen wir auch reiten!"
„Na, erst mal muß ich messen, ob du Fieber hast. Deine Stirn ist ja ganz heiß!" sagt Mutter. „Mach mal den Mund auf! – Du, deine Mandeln da hinten sind ja ganz angeschwollen und so rot! Tut es denn nicht weh beim Schlucken?" „Och", sagt Peter zögernd, „ein bißchen schon! Aber morgen ist es bestimmt wieder ganz gut, ganz bestimmt! Das geht schnell vorbei."
„Na" – meint die Mutter zögernd, „da bin ich nicht ganz so sicher! Jetzt legst du dich erst mal aufs Sofa, und ich stecke dir das Thermometer unter den Arm!" – Peter macht ganz ängstliche Augen. „Guck mal, hier die kleinen roten Striche!" erklärt die Mutter freundlich. „Wenn der so klein bleibt, dann hast du kein Fieber, dann darfst du vielleicht morgen mit zu den Ponys. Aber wenn der Strich schnell länger wird und hochklettert, dann muß ich Dr. Goll holen." Peter liegt ganz still. „Wenn ich bloß kein Fieber habe!" denkt er. „Wenn ich morgen bloß mit darf!"
Nach einer Weile nimmt Mutter das Thermometer an sich. „Guck mal, Peter, hier ist eine 3 und eine 9. Bis hierher ist der rote Strich geklettert. Du hast ziemlich hohes Fieber! Schnell ausziehen und ins Bett!" Peter fühlt sich auf einmal richtig schlapp und müde. Er mault auch gar nicht, als Mutter ihm die Schuhe, Strümpfe, Hose und Pullover auszieht und ihm den Schlafanzug überstreift.
Als er im Bett liegt, fühlt er sich richtig wohl und zufrieden. Das kommt so selten vor, daß er tagsüber mal ins Bett gesteckt wird. Mittags schläft er schon lange

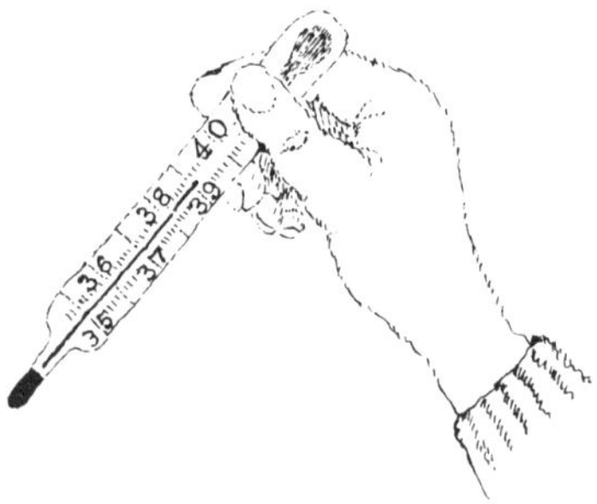

Im Herbst mit seinen kalten Winden und den vielen Regenschauern leiden die Kinder oft an Erkältungskrankheiten. Die Erfahrung von Fieber, Husten und Schnupfen ist ihnen nicht fremd. Im gemeinsamen „Arztspiel" können Ängste der Kinder vor dem Mann im weißen Kittel abgebaut werden.

nicht mehr. Er guckt sich die lustigen Figuren an der Tapete an. Da ist ein buntes Karussell, dann kommt ein kleiner Bär, dann ein niedlicher Affe, dann ein schwarzweißes Kätzchen, dann ... schon ist er eingeschlafen.

Als er aufwacht, steht Dr. Goll an seinem Bett. „Na, kleiner Mann!“ sagt er freundlich, „was machst du denn da für Sachen! Ach, eigentlich bist du ja gar kein kleiner Mann mehr!“ lacht er, „du bist ja schon fünf Jahre alt!“ „Nein, schon fast sechs!“ sagt Peter noch ein bißchen schläfrig und wundert sich über seine Stimme, die ganz heiser und leise klingt. „Ich hab' doch in zwei Wochen Geburtstag!“ „Na, bis dahin willst du doch wieder gesund sein?“ meint Dr. Goll. „Wenn du schön im Bett bleibst und Hustensaft und Zäpfchen bekommst, dann geht das ganz schnell. Bis zum Geburtstag kannst du sicher wieder rumtoben und rumrennen! – Na, und wen willst du denn einladen?“ fragt er freundlich.

Peter überlegt. Er hat jetzt gar keine Angst mehr vor dem Hörgerät, mit dem der Doktor seine Brust abhört. Ein bißchen kalt fühlt sich das ja an, als er das Metall auf der Haut spürt, aber er denkt schon wieder an seinen Geburtstag. „Ingo und Olaf und Harald und Heiko und – vielleicht noch Mark und Michael!“ fügt er hinzu. „Na, das wird ja ein toller Kindergeburtstag!“ lacht der Doktor und wickelt das Hörohr wieder zusammen. Dann holt er den Rezeptblock heraus und schreibt die Medizin auf.

„Hustensaft magst du doch gern nehmen?“ Peter schüttelt den Kopf. „Nein – überhaupt nicht!“ flüstert er. „Na, dann wirst du zum Geburtstag wohl noch nicht wieder gesund sein!“ meint Dr. Goll zweifelnd. „Und dreimal am Tag ein Zäpfchen. Wenn er sehr unruhig ist, abends noch ein Beruhigungszäpfchen!“ erklärt er der Mutter.

„Na, und langweilig wird es dir bestimmt nicht!“ meint der Doktor. „Du hast ja so viele Tiere da oben auf dem

Bord stehen! Guck mal, da – die niedliche Katze und so ein hübscher weicher Teddy und da das Pony!"
„Pony!" Plötzlich muß Peter doch schlucken, die Tränen kullern herunter. „Wir wollten doch morgen mit der Gruppe zu den Ponys gehen!"
„Du kannst im Bett so schön mit deinem Pony spielen!" lacht der Doktor. „Komm, gib ihm erst mal ein bißchen Heu zu fressen! Und hier hast du einen kleinen Schlumpf! Den kannst du auf deinem Pony reiten lassen! – Und wenn's nicht besser wird, schau' ich in ein paar Tagen mal wieder vorbei! Tschüs, mein Junge!"
Peter holt sich das Pony vom Bord herunter. Da in der Schublade hat er noch so viel grünes Gras vom Osternest! Das kann das Pony fressen! Und der kleine Schlumpf paßt wirklich gut obendrauf! So – das Schäfchen kommt auf die andre Seite, und den Teddy setzt er auf die Bettkante.
„Teddy, du bist ja auch schon ganz heiser!" Als er ihm auf den Bauch drückt, kommt nur ein heiseres Brummen heraus. „Komm, du kriegst jetzt schön deinen Hustensaft!" Teddy brummt ein bißchen lauter. „Nein, nein, den mußt du schlucken, sonst wirst du nicht gesund! Und ein Zäpfchen kriegst du auch noch! Und Muschi muß brav ihren Hustensaft trinken!"

Als Mutter ins Zimmer kommt, blickt Peter kaum hoch, so sehr ist er mit seinen Tieren beschäftigt. Schnell dreht er sich um und läßt sich ohne Widerrede das Zäpfchen in den Po stecken und nimmt seinen Löffel Hustensaft. Als Mutter ihm den Wickel um den Hals bindet, mault er auch nicht herum. „Mami, krieg ich aus dem Schränkchen im Badezimmer noch so einen schönen Wickel für den Teddy? Und dann noch einen Wickel für den Bauch vom Pony. Das hat zuviel Gras gefressen und hat nun Bauchweh!"
Mutter bringt ihm die weißen Binden und sogar noch die Medizintasche vom Klaus, die der große Bruder ganz hinten in seinen Schrank gesteckt hat. „Damit spielt Klaus nicht mehr!" sagt Mutter, „die wollte er

schon eintauschen gegen kleine Rennautos!" Peter macht die kleine weiße Tasche auf. „Guck mal, ein Hörrohr! Und hier ein kleines Spielzeugauto. Und Salbentuben! Und so ein kleiner Holzstab. Damit guck ich dem Pony in den Mund! Die Zunge ist ganz weiß!"
Mutter hat sich das Stopfzeug geholt und sitzt an seinem Bett. Sonst hetzt sie immer nach dem Essen los in den Dienst. „Ich hab' mir heut frei genommen!" sagt sie.
Richtig gemütlich ist es. Peter merkt die Halsschmerzen gar nicht mehr so doll. „Wenn wir das nächste Mal in den Wildpark fahren, darf ich bestimmt mit!" denkt er.
„Weißt du, Mami", sagt er und legt sich ganz zufrieden in die Kissen zurück, „so schlimm ist es eigentlich gar nicht, wenn man krank ist!"

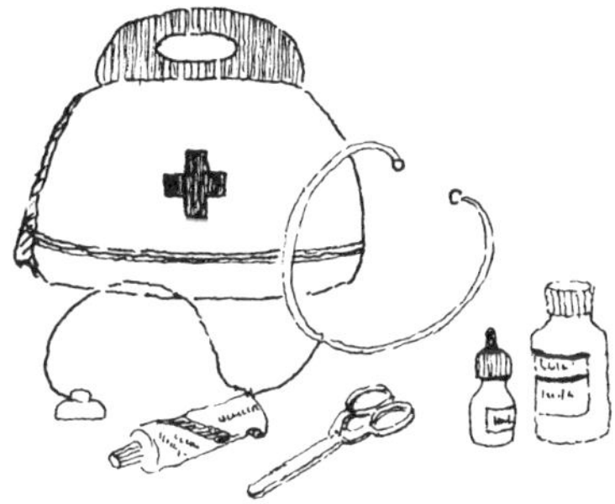

Peter ist krank

Mami, wenn wir Laterne laufen,
dauert das noch lang?
Wart, mein Junge, noch ein Weilchen,
du bist ja noch krank.

Olaf will Geburtstag feiern.
Ingo kommt und Klaus.
Nein, mein Kind, noch hast du Fieber,
du darfst noch nicht raus.

In den Tierpark wolln wir gehn,
gucken Ponys an,
du mußt erst gesund doch werden,
wart, mein kleiner Mann!

Und wir wollen Rollschuh fahren,
Petra kommt und Ruth.
Ich muß jetzt den Wickel machen,
bald ist's wieder gut.

Einen Drachen wolln wir bauen,
flattert hoch im Wind.
So, jetzt sollst du erst mal schlafen,
leg dich hin, mein Kind!

Mami, bleib doch noch ein bißchen
und erzähl mir was,
dann will ich auch nicht mehr
quengeln,
das macht soviel Spaß.

So, jetzt sollst du ganz fest schlafen,
Sandmännchen streut Sand.
Und der liebe Gott behüt dich.
Ich halt' deine Hand.

Spiele im Herbst

Fuchs und Hase

Durch Abzählen werden Fuchs und Hase ausgewählt:

Komm nur her, ich sag' dir was,
du bist Fuchs und du bist Has'.

Die übrigen Kinder verteilen sich in Gruppen. Je drei Kinder bilden eine Gruppe. Zwei Spieler fassen sich an, dazwischen steht der „Hase" im Hasenbau. Nun beginnt der Fuchs zu jagen. Die Hasen dürfen nur ganz kurz in ihrem Bau Schutz suchen. Sie müssen ihren Bau verlassen und werden gejagt. Jeder Hase, den der Fuchs gefangen hat, wird selbst zum Fuchs und darf jagen. Günstig ist es, wenn die Füchse durch eine Binde um das Handgelenk (Taschentuch) gekennzeichnet werden. – Nach einer Weile dürfen die atemlosen Hasen und Füchse den Hasenbau darstellen, während die andern jagen müssen bzw. gejagt werden.

Kissenspiel

Auf den Fußboden werden eine Anzahl Kissen gelegt. Die Kinder wandern singend herum (z. B. Fuchs, du hast die Gans gestohlen usw.) Der Spielleiter ruft: „Halt", und jeder versucht einen Kissenplatz zu bekommen. Wer kein Kissen erwischt hat, scheidet aus. Nun wird ein Kissen fortgenommen. Das Spiel wird fortgesetzt, bis nur noch ein Kissen auf dem Boden liegt, auf dem der Gewinner „thronen" darf.

Knobelspiel mit Kastanien, Eicheln, Nüssen oder Steinen

Die Spieler sitzen im Kreis, in der Kreismitte steht ein umgestülpter großer Topf. Alle Spieler drehen sich um oder halten die Hand vor die Augen. Der Spielleiter legt eine beliebige Anzahl von Kastanien (Eicheln ...) unter den Topf. Reihum wird geraten. Wer richtig geraten hat, darf als nächster die Kastanien verstecken.

Jagdspiel

Ein Spieler ist Löwe, ein anderer ist Jäger. Die übrigen Spieler sind Zebras, Gazellen, Strauße, Antilopen. Der Löwe darf mit einem zusammengeknoteten Taschentuch die Tiere abschlagen, der Jäger sie mit einem Ball abwerfen. Die Jagdbeute bringen Löwe und Jäger jeweils in einen markierten Kreis. Wenn der Löwe den Jäger erwischt und umgekehrt, gehört die gesamte Beute ihm, und das Spiel beginnt von neuem.

Kopf und Schwanz, Kopf und Schwanz, bald ist unsre Kette ganz

Ein Spieler wird als Kopf einer Kette ausgelost und versucht, einen anderen Spieler abzuschlagen. Wenn er einen gefangen hat, muß dieser ihm die Hand geben, und die Jagd geht weiter. Kopf und Schwanz der Kette dürfen abschlagen, bis alle Kinder gefangen sind.

Kastanienfußball

Aus Pappe oder Zweigen werden zwei kleine Tore im Abstand von etwa 75 cm bis 1 m errichtet. Zwei Spieler hocken sich gegenüber und versuchen, mit dem Zeigefinger den „Ball" in das gegnerische Tor zu schnipsen. Wer wird Torschützenkönig?

Lustiges Roboterspiel

Spiellied (1):
(Melodie: Alle meine Entchen)

Heut ist Robo zu Besuch,
Robo, steh mal still!
Wenn ich auf die Tasten drücke,
tut er, was ich will.

Spielanweisungen (gerufen):

Robo ist ein Wundermann,
seht, wie Robo tanzen kann!

Robo ist ein Wundermann,
seht, wie Robo stampfen kann!
Robo ist ein Wundermann,
seht, wie Robo essen kann!
Robo ist ein Wundermann,
seht, wie Robo trinken kann!
Robo ist ein Wundermann,
seht, wie Robo springen kann!
Robo ist ein Wundermann,
seht, wie Robo klatschen kann!
Robo ist ein Wundermann,
seht, wie Robo sich drehen kann!
Robo ist ein Wundermann,
seht, wie Robo drohen kann!
Robo ist ein Wundermann,
seht, wie Robo hauen kann!

Spiellied (2):

Heut ist Robo zu Besuch,
Robo, was soll das?
Machst ja alles ganz verkehrt,
Robo, laß den Spaß!

Spielvorschlag: Im Raum stehen jeweils zwei Kinder verteilt, ein Kind ist der Roboter, das andere der „Programmierer". Er drückt bei den entsprechenden Textstellen den Roboter auf den Rükken. Dieser bewegt sich zunächst ungelenk, ruckartig, bis er die richtigen Bewegungen ausführt, jedoch immer „roboterartig". Ab der zweiten Strophe führt er zwischendurch „falsche Bewegungen" aus. Dann wird anschließend das Spiellied in der Fassung 2 gesungen. Nach einer Weile werden die Rollen gewechselt.

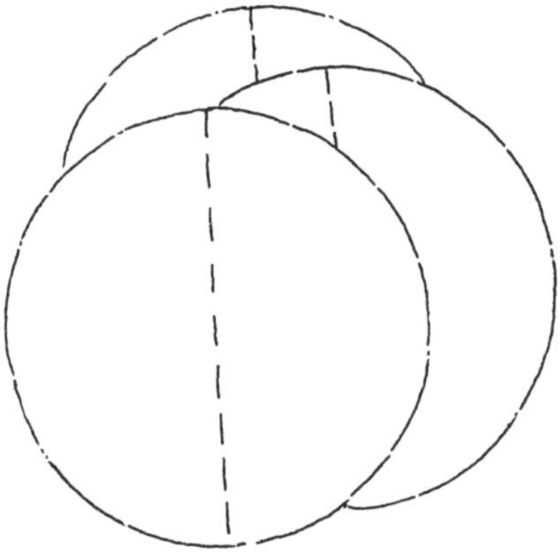

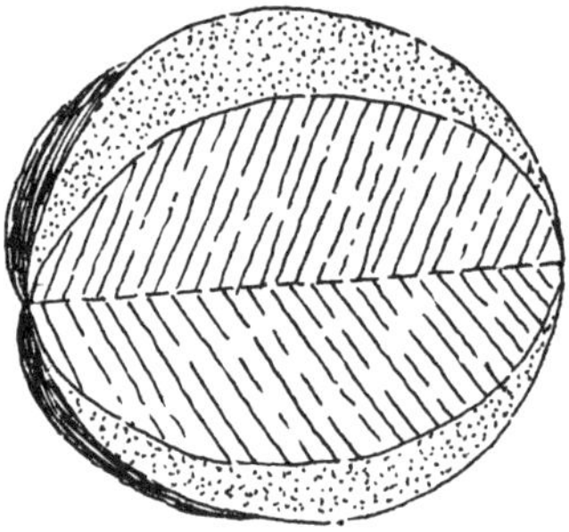

Spiel mit dem Wind

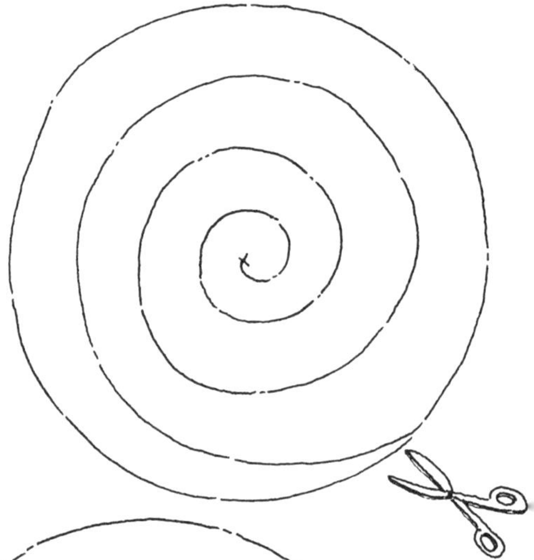

Schneide drei Kreise von 10 Zentimetern Durchmesser aus festem Papier aus.
Falte die Kreise einmal in der Mitte, klebe sie an den Faltlinien aufeinander und falte sie dann zu einem Ball auseinander.
Jetzt schneide einen größeren Kreis von 15 cm Durchmesser spiralenförmig wie ein Schneckenhaus ein. Klebe den Mittelpunkt gegen das Ende des Faltballes. An das andere Ende des Balles binde einen Faden von 50 cm Länge.
Lauf und zieh den Ball mit dem Schwanz hinter Dir her!

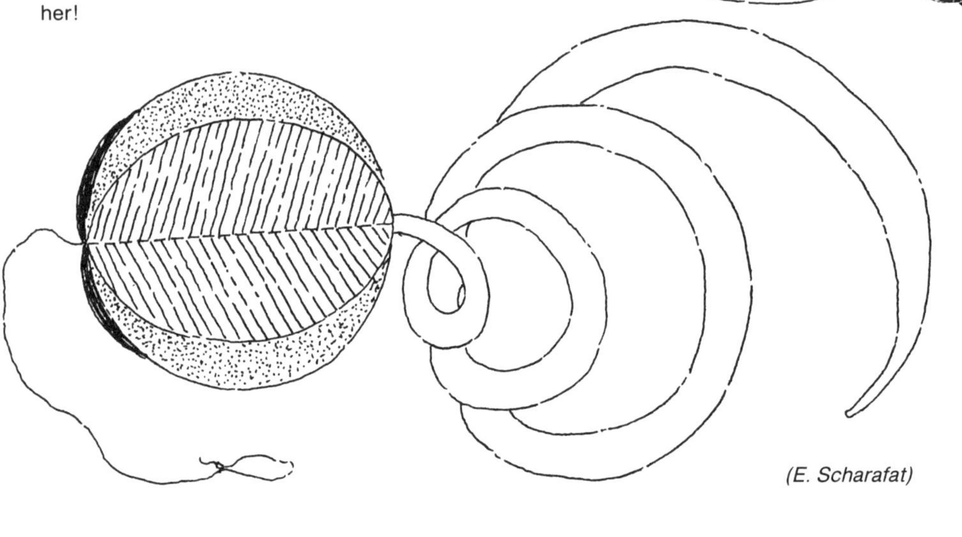

(E. Scharafat)

7 Wir feiern Feste im Herbst: Erntedankfest und St. Martin

Alle gute Gabe kommt her von Gott dem Herrn

Der Mut zum Danken, der Mut also, die Gaben und Erfahrungen dieser Welt allesamt als geschenkt anzusehen, wandelt nicht nur den Menschen, der sich zu dieser Haltung durchringt; er wandelt auch die Umwelt eines solchen Menschen, er wirft auf alles Begegnende sein schönes, warmes Licht.
Willy Kramp

Wenn wir mit den Kindern Erntedankfest feiern, dann steht zunächst der Dank für die Früchte der Erde im Vordergrund. Ich habe für gemeinsame Feiern im Kindergarten einige kleine Dankspiele entwickelt, bei denen die Kinder die Früchte der Gärten und des Feldes in den Kindergarten mitbringen oder im kirchlichen Raum zum Altar tragen. Allerdings ist für Stadtkinder der unmittelbare Zugang zum Wachsen und Ernten der Früchte auf dem Feld schwer nachvollziehbar; Tomaten, Gurken, Kartoffeln werden im Supermarkt an der Ecke gekauft. Wir können aber auch Stadtkinder zum Staunen und Wundern über das Wachsen und Werden in der Natur führen. Wenn wir das Sprießen der Kressesamen und Bohnen in den Blumentöpfen vor dem Fenster mit den Kindern beobachten, wenn wir gemeinsam das kleine Blumen- und Gemüsebeet im Kindergarten pflegen, können die Kinder zum Staunen und Wundern vor den vielfältigen Reifungsprozessen in der Natur geführt werden. Vielleicht kann die Vorbereitung zum Erntedankfest in den Kindergärten dazu führen, daß mit den Kindern bei Tisch gebetet und gedankt wird. Auch dazu gebe ich einige Vorschläge. In Gesprächen können wir die Kinder zum Staunen und zum Danken auch für das Geschenk unseres eigenen Lebens führen, für unseren Körper, unsere Eltern und Freunde, für Essen und Trinken, für die Kleidung, die Spielsachen und Spielgeräte. Danken hängt mit denken zusammen, und wir können gemeinsam an die vielen „Gaben“ in unserer nächsten Umgebung denken, die uns Gott geschenkt hat.
Das Erntedankfest bietet Anlaß, mit den Kindern darüber zu sprechen, daß es Menschen gibt, denen es nicht so gut geht wie uns, daß viele Kinder froh wären, wenn sie die Brotreste essen könnten, die in unsere Mülltonnen wandern. In der Geschichte von dem Mülljungen in Kairo habe ich von der Not in der Dritten Welt berichtet.

Erntedank

Den Himmel und die Erde,
die hast du, Herr, gemacht,
mit deinem Wort: Es werde,
da schaffst du Tag und Nacht.

Du läßt die Quellen springen
für Mensch und Tier zum Trank,
und an den Ufern singen
die Vögel dir zum Dank.

Und keine ihrer Federn
läßt du verloren sein.
Die Blumen, Strauch und Zedern,
die pflanzt du, Herr, mit ein.

Du gibst uns reiche Gaben,
das Gras, den Wein, das Brot,
daß wir uns daran laben,
wie deine Hand es bot.

Hell die Gestirne scheinen,
weiß jedes seine Zeit,
und wenn wir Menschen weinen,
dann ist dein Trost bereit.

Herr, die Geschöpfe spüren:
du bist es, der sie lenkt,
der ihnen Kraft und Leben
und seine Gnade schenkt.

So hast du Wohlgefallen
an Wasser, Himmel, Land.
Bleib gnädig bei uns allen,
wir stehn in deiner Hand.

Wir wollen, Herr, dir danken,
kommt, laßt es schallen weit.
Herr, dir sei Preis und Ehre
in alle Ewigkeit.

Nach Psalm 104

Danklied

Text: Barbara Cratzius Melodie: Herbert Ring

2. Du hast die Ohren mir geschenkt,
ich lausch' den Vögeln und dem Wind.
Die Eltern reden lieb mit mir,
und du, Herr, sprichst mit deinem Kind.

3. Du hast die Hände mir geschenkt,
ich spür' das Wasser, Holz und Sand,
das weiche Fell, den harten Stein,
die Feder, die am Weg ich fand.

4. Du hast die Füße mir geschenkt,
Herr, lenke du auch meinen Schritt.
Zeig du den Weg zum Bruder mir
und geh auf meinen Wegen mit.

5. Du hast mir auch mein Herz geschenkt,
in Freud' und Trauer mich geführt.
Du hast mich lieb und tröstest mich,
das hab' ich jeden Tag gespürt.

Gebete zum Erntedankfest

Lieber Gott, heute habe ich bei meiner Oma geholfen, die Äpfel und Birnen zu pflücken. Vier große Körbe sind es geworden. – Und am Nachmittag haben wir nach Kartoffeln gebuddelt. Das hat so viel Spaß gebracht, als wir abends alle um das Kartoffelfeuer saßen. Lieber Gott, du hast uns wieder eine so reiche Ernte geschenkt. Trauben und Früchte, Korn und Kartoffeln hast du reifen lassen. Wir danken dir, lieber Gott. Hilf uns, daß wir jeden Tag dankbar sind für jede Scheibe Brot, für jeden Apfel, für jedes Glas Milch. – Wir wollen nicht vergessen, daß es so viele arme Menschen in der Welt gibt, die hungern müssen. Schick ihnen Menschen, die ihnen helfen können.

*

Lieber Gott, der Bauer hat die Samenkörner in die Erde gelegt und du hast sie wachsen und reifen lassen. Viele, viele Kornähren sind daraus gewachsen. Der Müller hat sie zu Mehl gemahlen und der Bäcker hat daraus Brot gebacken. Dafür möchten wir dir danken. Wir wollen daran denken, daß so viele Kinder in der Welt nicht satt zu essen haben. So oft werfen wir Brotreste weg. Verzeihe uns. Wir wollen miteinander darauf achten, daß wir sorgsam mit Gottes guten Gaben umgehen.

Herr, du selbst reichst uns die Gaben,
brichst mit uns das tägliche Brot.
Herr, von dir wir alles haben,
stillst den Hunger und die Not.

Herr, du schenkst uns Korn und Trauben,
und es segnet deine Hand.
Tröste uns und stärk den Glauben,
wache über Stadt und Land.

Herr, du krönst das Jahr mit Güte,
Herr, dein Wort erschafft und lenkt.
Und wir bitten dich, behüte,
was aus Gnaden du geschenkt.

*

Lieber Gott, wir sitzen alle um einen Tisch. Ein großer Strauß mit bunten Herbstblumen steht in der Mitte. Astern, Dahlien und Sonnenblumen leuchten in bunten Farben. Die Sonnenblumen mag ich am liebsten. Ich habe im Frühling braune Kerne in die Erde gesteckt. Nun sind viele leuchtende gelbe Blütenkörbe daraus geworden. – Wir wollen miteinander essen und trinken. Wir danken dir, lieber Gott, für alle deine Gaben, die du uns jedes Jahr wieder von neuem schenkst.

Alle guten Gaben,
alles, was wir haben,
kommt, o Gott, von dir,
Dank sei dir dafür.

Antwortlied

Text: Barbara Cratzius Melodie: Herbert Ring

2. Kommt alle her! – Gott selbst schenkt Brot und Wein.
Wir sind zum Fest geladen, und keiner bleibt allein.

3. Kommt alle her! – Ihr seid von Gott geführt
als seine lieben Kinder. Habt ihr das nicht gespürt?

4. Kommt, feiert mit! – Und bleibet heut nicht fern.
Gott schenkt uns seine Liebe; lobt, preist und dankt dem Herrn!

Erntedankfest für Kleine

Kehrvers: Unser Tisch ist reich gedeckt,
Herr, von dir wir alles haben,
was wir säen, pflanzen, ernten,
danke, Herr, für deine Gaben.

Äpfel, Birnen eß ich gern,
Pflaumen noch viel lieber.

Kartoffeln, Kartoffeln eß ich gern,
Nudeln noch viel lieber.

Frische Brötchen eß ich gern;
Kuchen noch viel lieber.

Frische Bohnen, Möhren eß ich gern,
Erbsen noch viel lieber.

Frikadellen eß ich gern,
Würstchen noch viel lieber.

Frische Milch, die trink ich gern,
Apfelsaft noch lieber.

Marmelade eß ich gern,
Honig noch viel lieber.

Herr, wir leiden keine Not,
Herr, wir danken für das Brot.

Tischgebete

Gebete vor dem Essen

Du gibst uns täglich Speise,
wir preisen deinen Namen.
Wir danken, Herr, an jedem Tag
für deine Güte, Amen.

✻

Lieber Gott, wir kommen zum Essen,
und wollen dich dabei nicht vergessen.
Wir danken dir für deine Gaben,
die wir von dir empfangen haben.

✻

Wir sitzen alle um einen Tisch,
sei du auch, Herr, bei uns zu Gast,
wir danken dir für Speise und Brot,
was du uns aus Gnaden gegeben hast.

✻

Wir wollen beim Trinken
und beim Essen
das Danken heute nicht vergessen.
Teil du, o Herr, deine Liebe aus,
und segne uns alle hier im Haus.

✻

Lieber Gott, von dir wir alles haben,
wir danken dir für deine Gaben.
Du machst uns satt, weil du uns liebst,
segne die Speise, die du uns gibst.

Dankgebete nach dem Essen

Herr, wir sagen Lob und Dank
für die Speise und den Trank.
Herr, wir preisen deinen Namen,
bleibe bei uns. Amen.

✻

Wir haben getrunken und gegessen,
wir wollen das Danken nicht vergessen.
Herr, du hast uns reich beschenkt,
wir sind von dir geführt und gelenkt!

✻

Du hast uns reiche Gaben gegeben,
für unsern Tag, für unser Leben.
Wir sagen dir für Speis und Trank
lieber Gott, von Herzen Lob und Dank.

✻

Lieber Gott, wir danken dir,
alle sind wir satt geworden,
in den Gaben, die du gibst,
spüren wir, daß du uns liebst.

✻

Herr, wir danken für das Essen,
hilf, daß wir andere nicht vergessen.
Schenk auch ihnen ihr täglich Brot,
steh ihnen bei in ihrer Not.

Entnommen aus: Barbara Cratzius, „Unter deinem Schutz geborgen" – Kindergebete. St.-Johannis-Druckerei, Lahr.

Sprechspiel zum Erntedankfest

Text: Barbara Cratzius
Melodie: Paul G. Walter

Für das kleine Erntedankfestspiel können im Kindergarten gemeinsam Verkaufsstände aus Kisten oder dergleichen aufgebaut werden. Mit Spenden der Eltern werden die Verkaufsstände gefüllt. Die Kinder dürfen selbst abwiegen und mit Hilfe der Eltern den Verkaufspreis bestimmen. Der Ertrag des „Marktes" kann als Spende für Unicef oder eine andere Hilfsorganisation bereitgestellt werden.

Kehrvers

1. Kind: Frische Möhren, Suppenkraut,
kommt doch her, probiert und schaut!

2. Kind: Gurken hab' ich, Kürbis auch,
Petersilie, frischen Lauch.

3. Kind: Zitronenmelisse, Bohnenkraut,
alles hab' ich aufgebaut.

4. Kind: Kartoffeln hab' ich ausgegraben,
wollt ihr gelbe Rüben haben?

5. Kind: Schnittlauch, Liebstöckel und Dill,
kommt nur her, wer kaufen will.

6. Kind: Weißen, roten Kohl, ganz frisch,
kommt doch heut an meinen Tisch.

7. Kind: Ich bringe gute Körner herbei,
frisch gemahlen für gesunden Brei.

8. Kind: Wer will reinen Honig haben
grad geschleudert aus den Waben!

9. Kind: Sonnenblumen, Kern an Kern,
essen viele Kinder gern.

10. Kind: Wer will Mandeln, Nüsse versuchen,
die braucht ihr für guten Kuchen.

11. Kind: Apfelsaft und frische Trauben,
alles hab' ich, kaum zu glauben.

12. Kind: Mein Kürbis, der ist gelb und rund,
auch Melonen sind gesund.

13. Kind: Aus dem Süden Datteln, Feigen,
alles können wir euch zeigen.

14. Kind: Apfelsinen und Zitronen,
kommt herbei, es wird sich lohnen.

Wie die Ameise zum Sämann wurde

Das Weizenfeld war abgemäht. Mit lautem Getöse war der Mähdrescher im Spätsommer über den Acker gefahren und hatte gemäht und gedroschen. Über das kahle Feld strich der kühle Herbstwind.
Zwischen den Stoppeln huschten eifrig die Feldmäuse hin und her.

Hier ein Korn und dort ein Korn,
Frost und Schnee kommt bald.
Sammelt alles für den Winter,
denn der ist so kalt.

piepste der alte Mäusevater.
Auch der Hamster war fleißig. Er stopfte seine Backen so voll, daß er kaum noch trippeln konnte. „Laß uns noch was übrig von den Körnern!" piepsten die kleinen Mäuse.
„Jeder muß zuerst an sich denken! Wer weiß, wie lang der Winter dauert, ich muß genug Vorrat haben!" brummte er. Und seinen Hamsterkindern rief er zu:

Stopft euch nur die Backen voll,
mehr und immer mehr!
Bald bedeckt der Schnee die Erde,
und das Feld ist leer.

Durch die Furchen hastete eine Ameise. Drüben am Waldrand lag ihr Ameisenhaufen, und bis dahin hatte sie noch ein tüchtiges Stück zu schleppen. Sie hatte sich ein Weizenkorn auf den Rücken gepackt und versuchte so schnell wie möglich über die hohen Erdklumpen zu kriechen, die ihr immer wieder den Weg versperrten. „Oh, ist das Korn schwer!" seufzte sie, „wie soll ich es bloß bis zum Waldrand schaffen? Es erdrückt mich fast!" Aber dann dachte sie an die vielen kleinen Ameisen, die jeden Tag aus den Eiern schlüpften und gefüttert werden mußten. Und sie schleppte sich weiter.

Schwere Last, schwere Last
auf dem müden Rücken,
ach, bergauf und tief bergab,
wird mich noch zerdrücken,

seufzte sie. Kurz vor dem Eingang zum Mäusebau stolperte sie und fiel zur Seite. Das Weizenkorn rutschte von ihrem Rücken herab. Mühsam ordnete die Ameise ihre müden Beinchen und wollte sich gerade daran machen, mit den Vorderfüßen das Korn wieder auf ihren Rücken zu zerren. Da flüsterte das Weizenkorn:

Liebes Tier, ich bin so schwer,
ach, laß mich doch leben!
Hundertfach will ich dir's lohnen,
und dir reiche Ernte geben.

Komm hierher im nächsten Jahr,
wo die Mäuse wohnen.
Du wirst reichlich Körner finden,
so will ich dir's lohnen.

Die Ameise reckte und streckte sich. Sie war froh, von ihrer schweren Last befreit zu sein. Aber noch zögerte sie. Durfte sie die gute Nahrung hier einfach so im Stich lassen? Sie war doch eine fleißige, pflichtbewußte Ameise!

Aber da hörte sie das Korn wieder flüstern: „Bitte, liebe Ameise, grab mich hier ein! Du wirst es nicht bereuen! Im nächsten Jahr kannst du gleich mit vielen Freunden Vorrat für den Winter sammeln."

Da streckte die Ameise erleichtert ihre Beine aus und begann, emsig ein Loch auszuheben. Sie umschlang das Korn und senkte es vorsichtig hinein. Flink scharrte sie lockere Erde darüber. Wißt ihr wohl, was im nächsten Jahr mit dem Korn geschehen ist? Hat es sein Versprechen gehalten?

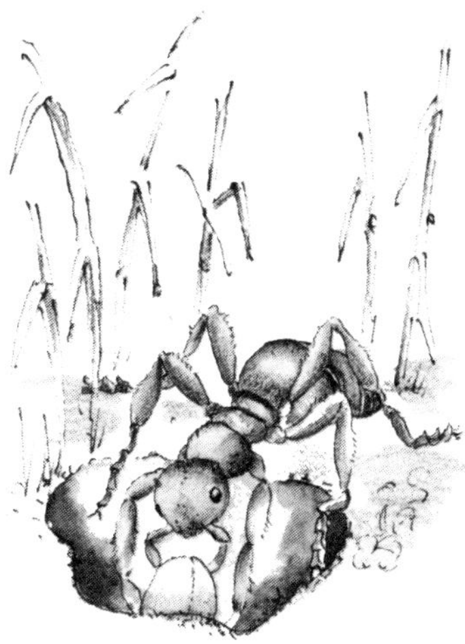

Im Anschluß an dieses Märchen können die Kinder mit Fingerfarben ein großes Kornfeld mit roten Mohnblumen und blauen Kornblumen malen.

Spiel zum Erntedankfest

Text: Barbara Cratzius Melodie: Herbert Ring

Rahmenvers

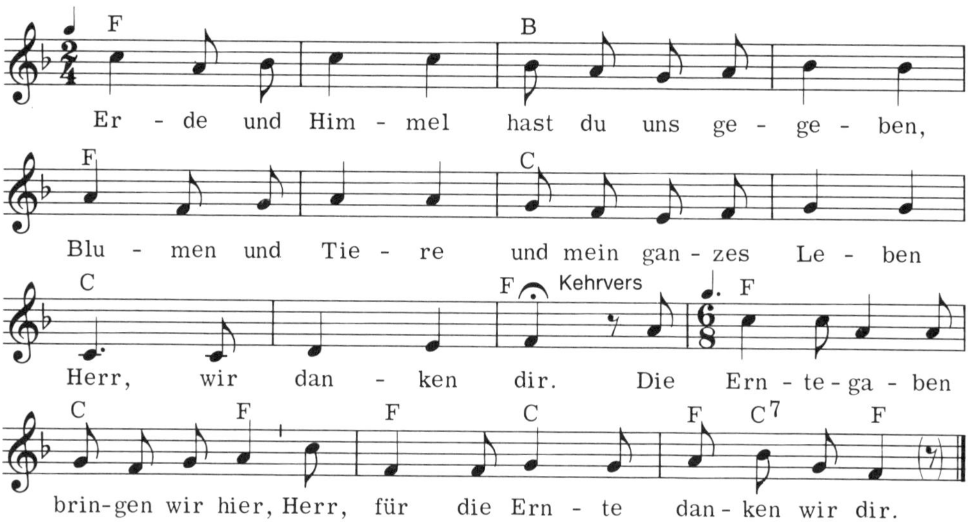

Die Kinder können zwischen jedem Kehrvers sagen, welche Gaben sie bringen: Brot, Obst usw. Am Schluß wird nochmals der Rahmenvers gesungen.

Wir backen gemeinsam Fladenbrote

Hefeteig:

¼ l lauwarmes Wasser,
in eine Rührschüssel gießen
1 Würfel Hefe
hineinbröseln, 5 Minuten gehen lassen
500 g Mehl
1 Teelöffel Zucker
2 Teelöffel Salz
100 ml Olivenöl
zugeben, alles mit dem Knethaken eines elektrischen Quirl gut verrühren. Den Ofen 5 Minuten bei 50 Grad vorheizen, den Teig abgedeckt darin 30 Minuten gehen lassen. Anschließend den Teig kräftig durchkneten, halbieren, zu 1 cm dicken Fladenbroten ausrollen, auf gefettete Bleche legen, mit Wasser bepinseln und mit
40 g Sonnenblumenkernen
bestreuen, 5 bis 10 Minuten gehen lassen, dann bei 225 Grad ca. 30 Minuten backen. Das Brot muß eine leicht gelbliche Farbe bekommen. Es schmeckt nur ganz frisch!

U. Weber

Wir denken an Kinder in der Dritten Welt

In manchen Kindergärten werden sich bei der gemeinsamen Vorbereitung zum Erntedankfest Elterninitiativen entwickeln, die eine der großen Hilfsorganisationen (Caritas, Brot für die Welt, Kindernothilfe) unterstützen. – In der Zeit des Erntedankfestes werden von vielen Gruppen Friedenswochen begangen, in denen die Aktionen begleitend für den Frieden in der Welt gebetet wird. In den Büchern „Frühling ...", „Sommer ..." und „Winter im Kindergarten" sind Texte enthalten, die das Verständnis für Kinder in bzw. aus anderen Ländern fördern und schon im Kindergarten eingesetzt werden können.
In kürzeren Rollenspielen und in zeichnerischer Darstellung können diese Erfahrungen vertieft werden: Wie wir uns streiten und wieder vertragen ... wie wir Kinder aus fremden Ländern in unsre Gruppe aufnehmen usw.

Lieber Gott,
überall auf der großen weiten Welt leben Menschen. In Afrika wohnt ein kleines schwarzes Kind in einer Hütte, in Amerika schlafen Indianerkinder in einem Zelt, in Indien gibt es viele arme Kinder, die müssen am Straßenrand schlafen. Ein Eskimokind wacht in seinem Iglu auf, in China leben Kinder auf einem Hausboot. Jesus ist in Israel geboren und hat dort im heißen Land gelebt. Aber alle Kinder, alle Menschen dieser Welt gehören zusammen. Hilf uns, lieber Gott, daß sich alle Menschen verstehen, hilf uns, daß wir von unsern reichen Gaben abgeben lernen und miteinander Frieden halten.

Abenteuer auf dem Eselkarren

Es ist noch still auf den Straßen von Kairo. Nur der Schritt des Nachtwächters hallt auf dem Pflaster. Die Sonne ist gerade erst aufgegangen. Noch brennt sie nicht mit ihren sengenden Strahlen auf das Häusergewirr herab.
Ein klagender Eselruf ist in der Ferne zu hören. Der Nachtwächter dreht sich um. Ein klappriges Eselgespann biegt um die Ecke. „Müllmenschen!“ denkt der Nachtwächter verächtlich. „Hergelaufenes Pack! Na, wenigstens holen sie den Dreck aus den Hinterhöfen und auf den Straßen ab!“
Da springt auch schon der kleine Daoud (David) vom Kutschbock herunter, packt zwei Müllsäcke, die an der Hauswand lehnen, und wirft sie auf seinen Karren. Papier, alte Flaschen, Brotreste, alles, was noch auf der Straße liegt, stopft er schnell in seinen großen Sack und leert es auf dem Karren aus.
So flink ist er dabei, daß der Vater gleich wieder den Esel mit der Peitsche weitertreibt zum nächsten Häuserblock. – Oh, da liegen ja wahre Schätze herum, Reste von einem Umzug! Ein Stuhl mit drei Beinen, eine alte Waschschüssel, Stapel von Zeitungen und ein großes Bündel mit schmutziger Wäsche.
Und da – drei große angebrochene Päckchen mit Salzbrezeln! Daoud sucht sich einen scharfkantigen Stein und zielt nach den spitznasigen Ratten, die pfeifend davonstieben. Schnell verstaut er alles auf dem Karren.
Die Sonne steigt höher. Daoud hat Durst und schaut sich suchend nach einem Brunnen oder einer Pumpe um. Wie gut es die Leute in der Stadt doch haben! Überall in den Gärten und in den Höfen gibt es eine Wasserstelle. Draußen in der Vorstadt auf den Müllbergen gibt es keine Pumpe, keinen Brunnen.
Schnell verschwindet Daoud in einem schattigen Hof und läßt sich das kühle Brunnenwasser über Nacken und Arme laufen und schlürft gierig davon. „Weg da! Zigeunerpack!“, hört er eine scharfe Stimme, und schon ist er blitzschnell verschwunden.
Während der Vater die Abfalltonnen in den Mietskasernen durchwühlt, hält Daoud Frühstück. Er wühlt in dem Haufen auf dem Karren. Da – er erwischt eine Tomate, eine Banane, sogar ein halbes Hühnerbein findet er zwischen dem Müll. Gierig verschlingt er alles und wirft zwischendurch immer wieder einen aufmerksamen Blick auf den Esel. Ja, der Vater kann sich auf ihn verlassen! – Sowie ein Fremder es wagen würde, den Esel auszuspannen, wäre er mit seinem scharfen Taschenmesser zur Stelle und würde ein mörderisches Geheul ausstoßen. Ohne Esel wäre die ganze Familie verloren!
Nein, zur Schule geht Daoud nicht, dazu hat er gar keine Zeit! Hier auf dem Eselkarren hat er besser gelernt, wie man zwischen Schutt und Unrat überleben kann.

Nachmittags, wenn die Mutter und die Schwestern die ganze Ladung von dem Eselkarren sortieren, Papier, Glas, Metall, Kunststoff und Essensreste trennen, dann kann Daoud sogar für kurze Zeit zwischen den Müllbergen Fußball spielen. Alte Blechdosen findet er genug. Aber dann muß er gegen Abend die Schweine füttern, die zwischen dem Müll herumwühlen, und für den Esel muß er auch Futter besorgen.
Wenn es dunkel wird, schleicht er sich manchmal auf die Felder unten am Nil und stopft sich die Taschen voll Kartoffeln und Gemüse. Einmal hat er unten am Weg sogar ein Fahrrad gefunden, fast neu und nicht mal abgeschlossen.
„Na, das hat wohl Allah für mich da hingestellt!" denkt Daoud. Das gab auf dem Markt eine schöne Stange Geld. Eine Woche lang haben sie wie die Fürsten gegessen in ihrer Wellblechhütte, so viel Käse und Fleisch, daß ihnen abends der Bauch wehtat.
„Ach, mir fällt bestimmt mal wieder was Tolles in die Hände!", denkt Daoud. „Und wenn's auch nur eine aufgerissene Tüte mit Salzbrezeln ist wie neulich am Straßenrand!"

Entnommen aus: Barbara Cratzius, „Kinder im Kirchenjahr", Brunnen-Verlag, Gießen.

Kim-Spiel zur Erntedankzeit

Der Spielleiter legt etwa 9 bis 10 Gegenstände auf den Tisch, die mit der Erntedankzeit zusammenhängen, z. B. Früchte, Blätter, Blumen, Kastanien, Kartoffeln, Nüsse, Äpfel, Birnen, Pflaumen ... Ihr müßt euch nun die Gegenstände gut einprägen. Dann deckt der Spielleiter ein Tuch über die Gegenstände, nachdem er unauffällig noch einen weiteren Gegenstand untergelegt hat. Wer es gemerkt hat, darf dem Spielleiter den veränderten Gegenstand zuflüstern. Wer es bei verschiedenen Durchgängen dreimal als erster geschafft hat, ist Sieger.

Zaun mit Gräsern und Blumen

Material:
9 Holzstäbchen (von Eis am Stiel)
trockene Gräser und Blumen
Klebstoff
Nylonfaden

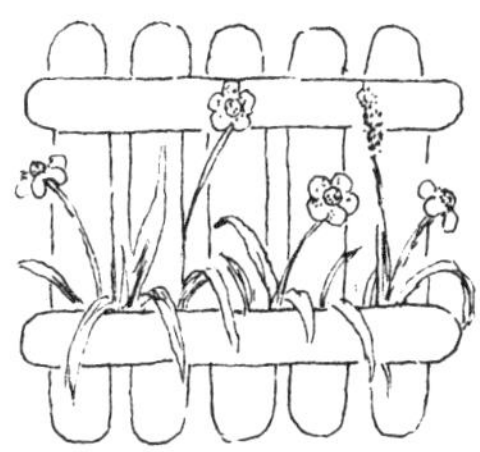

Die Eisstäbchen klebt ihr so zusammen, daß fünf senkrechte Stäbchen zwischen zwei oberen (Rück- und Vorderseite) und zwei unteren Querstäben gehalten werden.
In die Lücken klebt ihr Gräser und trockene Blüten.
Den fertigen Zaun könnt ihr mit einem Nylonfaden ins Fenster oder auch an die Wand hängen.

(U. Weber)

St.-Martins-Fest

Zur Gestaltung einer Martinsfeier im Kindergarten möchte ich folgende Vorschläge machen:

In den Tagen vor dem Martinstag werden gemeinsam Laternen gebastelt und Laternenlieder gesungen.
Die Kinder backen am Vortag gemeinsam Martinsbrezeln. Sie brauchen nur halb so viel Brezeln zu backen, wie Kinder in der Gruppe sind.
Am Martinstag wird der große Brezelkorb in die Mitte des Raumes gestellt. Die Erzieherin oder alle Kinder singen nach der Melodie: „Ich geh mit meiner Laterne."

Kommt her, wir wollen nun teilen,
was wir heute mitgebracht,
wie Martin auch einst teilte
den Mantel in dunkler Nacht.

Kehrvers:
Das Brot für dich,
so soll es sein,
und keiner ist heut allein.

Dann geht ein Kind nach dem anderen aus dem Stuhlkreis zur Mitte, holt eine Brezel oder ein Kuchenstück und teilt es mit dem Nachbarn, bis alles verteilt ist. Nach dem gemeinsamen Mahl kann das Lied noch einmal gesungen werden. Es können auch mitgebrachte Stofftiere oder anderes Spielzeug in den Korb gelegt werden, und die Kinder dürfen nacheinander ihr geliebtes Stofftier einem anderen Kind für geraume Zeit zum Spielen geben.

Wenn die Martinsfeier am Abend stattfindet und wenn morgens der Raum abgedunkelt werden kann, kann auch gemeinsam ein Lichterkreis gebildet werden. Zum Martinsfest gehören als symbolisches Zeichen die Mantelteilung als Ausdruck der Nächstenliebe wie auch die Zeichen von Licht und Feuer als Symbol für Wärme, Leben, Licht.

Die Kinder sitzen im Stuhlkreis um eine große brennende Kerze. Sie haben noch nicht entzündete Kerzen in der Hand. Zu der bekannten Melodie „Ich geh mit meiner Laterne", singen die Kinder:

Das Licht, das wollen wir teilen,
es brennt mit hellem Schein.
Es leuchten die vielen Kerzen,
und keiner ist heut allein.

Das Licht, das will ich dir bringen,
das Licht hat uns froh gemacht.
Und heller wird es im Raume,
ganz hell wird die dunkle Nacht.

Kehrvers:
Mein Licht brennt an,
so hell es kann,
rabimmel, rabammel, rabumm.

Während des Refrains gehen zwei Kinder aus dem Kreis nach vorn und entzünden ihre Kerzen an der großen Kerze. Sie gehen langsam an ihren Platz zurück und entzünden die Kerzen ihrer Nachbarkinder. So geht es weiter, bis alle Kerzen angezündet sind.

St. Martin in Geschichte und Legende

(Hintergrundinformation für die Erzieherin)
Es ist ein alter Brauch in vielen Dörfern und Städten, daß die Kinder mit ihren Laternen am Martinsabend durch die Straßen ziehen. Fröhlich singen sie ihre Martinslieder, und ihre schönen bunten Laternen, die sie oft selbst gebastelt haben, leuchten in dunklen Novembernächten. Von St. Martin wollen wir heute einige Geschichten hören.

Martin wurde um das Jahr 316 in der römischen Provinz Pannonien im heutigen Ungarn geboren. Er lernte schon mit 12 Jahren den Glauben der Christen kennen. Aber sein Vater, der ein römischer Offizier war, wollte aus ihm einen tüchtigen Soldaten machen. Martin wurde Offizier im römischen Heer. Aber mit dem Herzen war er kein Soldat. Er liebte den Frieden und wollte allen Menschen helfen und ihnen dienen.
Im Jahr 334 reitet Martin durch Gallien, das ist eine römische Provinz im heutigen Frankreich. Es ist ein kalter Wintertag. Am Wegrand sitzt in Lumpen gehüllt ein Bettler. Martin möchte ihm helfen, aber er hat schon all sein Geld verschenkt.
Da nimmt er sein Schwert und schneidet den großen Offiziersmantel mitten durch. Die eine Hälfte gibt er dem Bettler. Die Soldaten lachen.
„Seinen eigenen Mantel hat er zerschnitten", rufen sie.
In der Nacht schreckt Martin aus dem Schlaf auf. Er sieht den Bettler vor sich stehen, gehüllt in einen Mantel. Und nun erkennt er ganz deutlich: Die Hände und die Seite tragen die Wundmale unseres Herrn am Kreuz. Martin hört eine Stimme: „Was du diesem Bettler gegeben hast, das hast du mir getan!"
Da wacht Martin auf. „Diesen Traum hat Gott mir geschickt! Ich möchte getauft werden und ganz zu Christus gehören!"
Martin will nicht länger Soldat sein und das Schwert gegen Menschen führen.
Aber der römische Feldherr beschimpft ihn. „Du stehst

im Dienste des Kaisers. Du hast nur Angst vor der Schlacht gegen die Germanen!" Martin antwortet: „Ich will ohne Waffen nur im Zeichen des Kreuzes vor die Feinde treten im Namen des Herrn Jesus Christus. Gott wird mit mir sein!"
Da kommt Nachricht vom gegnerischen Heer. Sie wollen keinen Krieg, sie wollen sich freiwillig unterwerfen. – Niemand braucht die Waffen zu gebrauchen. Martin darf aus dem römischen Heer ausscheiden.
Nun wandert er nach Ungarn zu seinen Eltern. Er verkündet ihnen den christlichen Glauben und führt sie zur Taufe. Dann kehrt er nach Frankreich zurück und kommt zum Bischof Hilarius in die Stadt Poitiers. Der Bischof führt ihn nach und nach in das Evangelium von Jesus Christus ein und weiht ihn zum Priester.
Martin baut in Ligugé ein kleines Kloster, das erste Kloster des Abendlandes.
Viele Menschen kommen zu ihm und holen sich Rat und Hilfe. Er heilt einen Mann vom Aussatz und gibt einem stummen Mädchen die Sprache wieder. Er erweckt einen Knecht, der sich in einem Bauernhaus erhängt hat, neu zum Leben. Er treibt böse Geister aus. – Sogar mit den Tieren hat er Mitleid. Er befiehlt den bissigen Hunden auf der Treibjagd, still zu stehen. Der arme verfolgte Hase kann entkommen.
Mit den Waffen der Liebe und des Wortes muß er noch mit dem Teufel kämpfen. Als der Böse ihn beim Gebet in Versuchung führen will, läßt Martin sich nicht von seiner prächtigen Verkleidung täuschen. „Christus kommt nicht in Purpur und Herrlichkeit, sondern mit den Wundmalen des Kreuzes zu mir", sagt er. Da muß der Teufel von ihm ablassen und verschwinden.
Martin möchte gern arm und demütig leben; aber die Menschen wollen ihn zum Bischof wählen. Auch als Bischof von Tours lebt er weiter in Armut wie ein Mönch.
Er sitzt nicht auf einem prächtigen Bischofsstuhl, sondern auf einem ärmlichen Hocker. Er will auch keinen

prächtigen Bischofspalast haben mit Marmor und kostbaren Teppichen. Er baut fernab von lärmenden Menschen an einer ruhigen Stelle im Loire-Fluß ein größeres Kloster. In den Löchern der Felswände am Fluß läßt er Mönchszellen einrichten. Er nennt das Kloster Marmoutier.
Manchmal geht er auch in die Stadt Tours, aber meistens zieht er mit seinen Mönchen im Land umher, hilft den Armen, heilt die Menschen und verkündet den Heiden das Evangelium.
Martin ist mehr als 80 Jahre alt geworden. Er fühlt, daß er sterben muß. Seine Freunde wollen Stroh auf sein Lager schütten, aber er wehrt ab. Mit Asche ist sein Lager bedeckt, er ruht auf einem Sack und betet. „Ein Christ stirbt in Sack und Asche", sagt er.
Er schaut zum Himmel empor, und sein Angesicht leuchtet. Martin stirbt am 8. November des Jahres 397. In Tours wird er begraben. Über seinem Grab wird eine Holzkirche gebaut und später ein großer Dom errichtet. Zu seinem Grab werden viele Wallfahrten gemacht. Ein römischer Geschichtsschreiber schreibt: „Versuche, ein Leben zu führen, so arm, so weise und demütig wie Martin. Und werde ein Soldat Christi."
Wenn die Kinder an den Novemberabenden durch die Straßen ziehen, dann singen sie ihre Lieder:

Heiliger Martin, zieh voran,
zeig uns, wie man helfen kann.

Kleines Singspiel um St. Martin

Kurze Regieanweisung: Dieses kleine Singspiel kann aus dem Kreis heraus gespielt werden.
Die Kinder kommen mit ihren Laternen in den Spielraum gezogen. Sie singen dabei das Laternenlied und stellen sich im Kreis auf. An der einen Seite bleibt der Kreis für das „Stadttor" geöffnet. Am „Stadttor" kauert der „Bettler". Martin geht außerhalb des Kreises herum und beginnt zu sprechen. Er hat einen weiten Mantel an, der aus zwei Teilen besteht, die nur lose aneinandergeheftet sind, so daß er sie mit dem Holzschwert (bzw. mit der Hand) leicht zerteilen kann. Am Schluß führt Martin die Kindergruppe zu einem weiten Zug durch den Spielraum oder durch die Straßen an. Dabei können die letzten Strophen des Laternenliedes oder auch andere Strophen gesungen werden. Der Bettler hat seinen Mantelteil um sich geschlagen und zieht am Schluß mit.

Seht ihr die Laternen

Text: Barbara Cratzius Melodie: Paul G. Walter

2. Seht ihr die Laternen,
mit Sonne, Mond und Sternen!
wir leuchten hell das Stadttor an,
daß jedermann es sehen kann!
|: Martin, zieh voran! :|

3. Seht ihr die Laternen,
mit Sonne, Mond und Sternen!
Wer kauert zitternd dort am Tor?
Ein Bettler streckt die Hand hervor.
|: Martin, zieh voran! :|

Martin: Ich bin so müde vom langen Reiten! Schnell will ich durch das Stadttor gehen und mir ein warmes Lager für die Nacht suchen. Eine warme Suppe und Wein wird es irgendwo auch noch so spät geben! – Allerdings – meine Taschen sind leer! Ich habe den Kameraden mein letztes Geld gegeben fürs Kartenspiel. Aber der Hauptmann wird mir meinen Lohn wohl im voraus auszahlen.

Bettler: Ach, ihr stolzer Ritter! Habt Mitleid mit mir! Ich sitze schon so lange hier an der kalten Stadtmauer! Gebt mir Geld, daß ich mir etwas zu essen kaufen kann!

Martin: Armer Bruder, ich würde dir gern helfen. Schau doch, meine Taschen sind leer!
Er krempelt die Taschen um
Aber ich sehe, du frierst so. Ich habe nur den weiten, wollenen Mantel mit, den mir meine Mutter aus Ungarn geschickt hat. Es fällt mir schwer, mich davon zu trennen. Aber er ist weit genug. Wenn ich ihn zerschneide, kann sich jeder noch warm damit einhüllen.

Bettler: Im Namen Gottes dank' ich euch, edler Ritter!

4. Seht ihr die Laternen.
mit Sonne, Mond und Sternen!
St. Martin gab den Mantel gern,
er reicht ihn Christus, seinem Herrn.
|: Martin, zieh voran! :|

5. Seht ihr die Laternen,
mit Sonne, Mond und Sternen!
Du lehrst uns, wie man teilt und gibt,
du zeigst, wie man den Nächsten liebt.
|: Martin, zieh voran! :|

Komm, wir teilen uns die Laterne!

Schon mehrere Tage vor dem Martinsfest basteln die Kinder im Kindergarten eifrig an ihren Laternen. Martin hat von der Mutter den Deckel einer Käseschachtel mitbekommen, und die Erzieherin hat ihm ein großes Stück festes Butterbrotpapier zugeschnitten. Da malt er mit Wachsstiften lustige bunte Figuren drauf: einen großen runden Mond, dann noch einen halben Mond und viele Sterne.

Nun versucht er noch, einen bunten Hahn zu malen. Peter, der neben ihm sitzt, muß lachen. „Soll das ein Nilpferd sein oder eine Kuh?" fragt er. Martin wird wütend. „Deine Kürbislaterne sieht aus wie ein Gespensterkopf!" schimpft er „oder wie Dracula!" Bärbel mag nicht, wenn die Jungen sich streiten. „Ich hab' gleich gemerkt, daß du einen Hahn malen willst!" sagt sie, „an den bunten Federn am Schwanz habe ich das gesehen!" Nun ist Martins Laterne fertig. Die Erzieherin hilft ihm, den Bügel zu befestigen und den Stab durchzuziehen. Das kleine Teelicht klebt Martin selbst hinein.

Die Kinder gucken aus dem Fenster. „Hoffentlich wird es heute ganz schnell dunkel!" rufen sie, „wir wollen doch beim Martinszug unsere Laternen ausprobieren!"

Als es Abend wird, ziehen aus vielen Straßen die Kinder mit ihren Laternen herbei. Es sieht schön aus, wie die vielen Sonnen und Monde, die Hähne und Gänse in der Dunkelheit hin- und herschwanken.

An der Spitze des Zuges reitet der heilige Martin mit seinem leuchtend roten Mantel auf einem weißen Pferd. Als die Musikkapelle anfängt zu spielen, singen die Kinder aus dem Kindergarten stolz ihre Laternenlieder und Martinslieder mit. Martin geht neben Bärbel her. Ganz vorsichtig trägt er seine Laterne. Ab und zu, wenn ein Windzug kommt, hält er schützend die Hand darüber. „Guck mal", sagt er, „die Schwanzfedern vom

Hahn leuchten ganz besonders hell!“ Vor ihnen geht Peter. Er hält seine Kürbislaterne ganz stolz an einem Stock hoch. Den Mund hat er so geschnitten, daß das Kürbisgesicht richtig fröhlich lacht.
Auf einmal stolpert Peter über einen Kantstein. Die Kürbislaterne fällt zu Boden und kullert ein paar Meter weit über das Pflaster. Das Licht ist ausgegangen. Peter springt hin und hebt den Kürbiskopf auf. Ganz schief sieht jetzt der Mund aus, und die eine Seite ist ganz platt gedrückt. „Meine schöne Laterne!“ jammert er. „Ich hab' mir solche Mühe damit gegeben!“
„Nimm sie in die andere Hand“, tröstet Martin ihn, „komm, du darfst die ganze Lerchenstraße lang meine Laterne nehmen, nachher in der Lindenstraße gibst du sie mir wieder, und am Schluß kriegst du sie nochmal!“
„Das finde ich aber toll von dir, Martin!“ sagt Peter, und ganz fröhlich singen sie gemeinsam „Laterne, Laterne“. Weithin schallen die Lieder in die Nacht hinaus.

Kleines Singspiel von Martin im Gänsestall

Text: Barbara Cratzius Melodie: Herbert Ring

2. Ihr Gänschen, ihr müßt müde sein,
nun zieht ihr gleich das Köpfchen ein,
gi – ga – gack.

3. Wer sitzt denn in dem Stalle dort?
Ein Fremder! Fort mit dir! Lauf fort!
Gi – ga – gack.

4. Wir spannen unsre Flügel aus
und treiben ihn zum Stall hinaus.
Gi – ga – gack.

Bei diesem Singspiel hockt ein Kind als Martin in einem abgegrenzten „Stall". Einige Kinder ziehen als „Watschelgänse" um den Stall herum, sie gackern und singen. Die Erzieherin singt die 1. und 2. Strophe, die Gänschen fallen in die 3. und 4. Strophe ein. Sie umflattern den Stall und treiben „Martin" hinaus.
Martin flüchtet auf den Halbkreis der übrigen Kinder zu, die ihn in ihre Mitte nehmen und singen.

Lied der Kinder:

2. Martin, du sollst Bischof sein,
zieh in unsre Kirche ein!

3. Jeder liebt dich hier im Land,
segne uns mit guter Hand.

Martin führt nun den Kreis der Kinder an, die hinter ihm herziehen und die bekannten Laternenlieder singen.

Weiße Gänse – Einladungskarten zur Martinsfeier

Du brauchst
Tonpapier: grün oder blau
Fingerfarben: weiß, rot, orange
eine Kartoffel
ein Küchenmesser
einen Pinsel

1. Schneide aus festem Tonpapier ein Rechteck aus (doppelte Postkartengröße) und falte es in der Mitte.

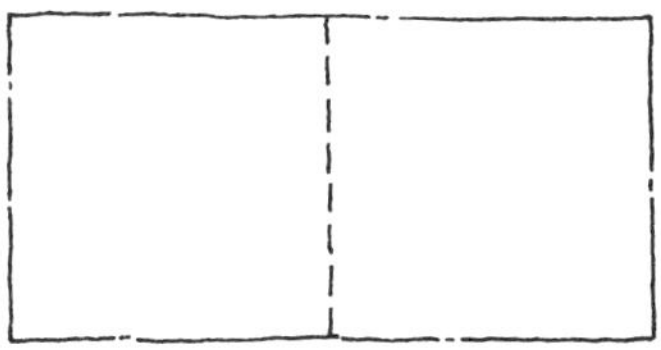

2. Wasche eine Kartoffel und schneide sie mit einem glatten Schnitt in zwei Teile.

3. Eine Hälfte der Kartoffel ist der Stempel für den Gänsebauch. Du mußt für die Schwanzfedern nur ein paar Kerben herausschneiden.

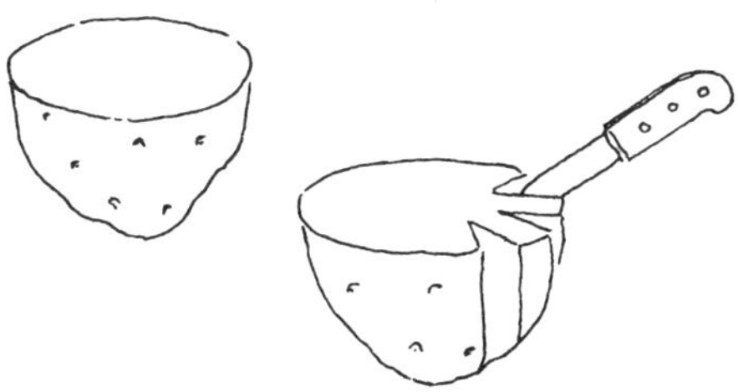

4. Aus der zweiten Kartoffelhälfte schneidest Du die Stempel für Kopf, Hals, Fuß und Schnabel. Teile dazu die Kartoffelhälfte so ein, wie Du es in der Zeichnung siehst.

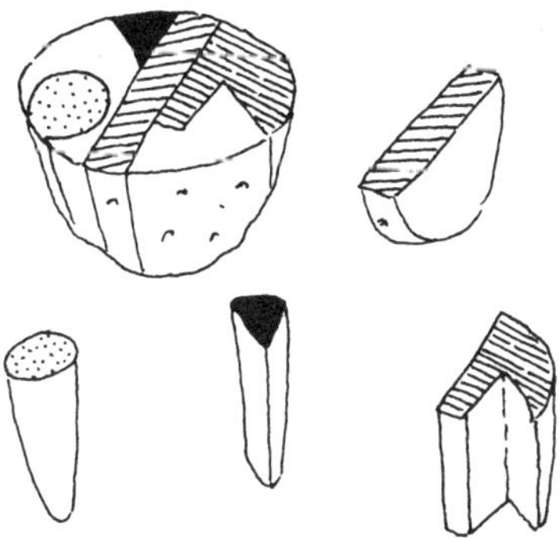

5. Jetzt beginnt das Drucken. Mach zuerst einen Probedruck auf einem Rest Tonpapier.
Beginne mit dem Gänsebauch: Streiche die Stempelfläche mit weißer Fingerfarbe ein und drücke sie auf das Tonpapier.
Denke daran, daß Du Platz läßt für Kopf, Hals, Füße und Schnabel.
Jetzt streiche nacheinander auch die übrigen Stempelflächen in den passenden Farben ein und drucke sie: Hals und Kopf weiß, Schnabel rot, Fuß orange.

Ist der Probedruck gelungen, kannst du mit dem Bedrucken der Einladungskarten beginnen.

(E. Scharafat)

Wir basteln eine Martins-Laterne

Dann besorge dir beim Kaufmann eine leere Käseschachtel: ∅ ca. 15 cm

Dazu brauchst du noch
1 Streifen Architektenpapier 50 cm lang – 20 cm hoch
Wachsmalstifte
Klebstoff
Blumenbindedraht: 40 cm
1 Teelicht
1 Musterklammer

Jetzt kann die Arbeit beginnen:

1. Male den Streifen Architektenpapier mit Wachsmalstiften so an, daß er sehr bunt wird und kein Papier mehr durch die Farben hindurchschaut, zum Beispiel:

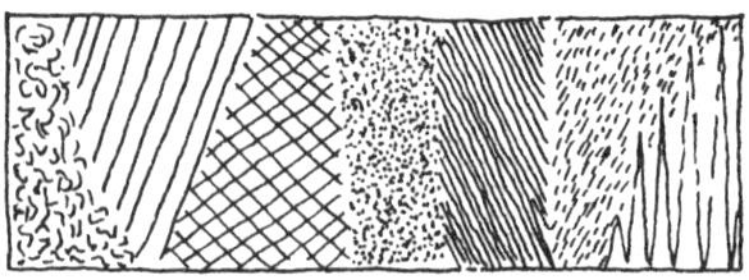

2. Falte den bunten Streifen 1 × zusammen, so daß die Farbe innen liegt, lege den gefalteten Streifen auf eine dicke Zeitungspapierunterlage und streiche mit einem heißen Bügeleisen über das Architektenpapier. Dabei schmilzt das Wachs, und die Farben laufen ineinander. Es entsteht ein buntes Muster.
   Öffne den gefalteten Streifen sofort – er muß noch warm sein – und streiche die Faltlinie mit der Hand glatt.

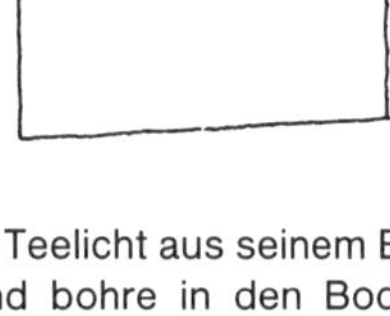

3. Nimm das Teelicht aus seinem Blechschälchen heraus und bohre in den Boden des Schälchens ein kleines Loch.

4. Bohre auch mitten in den Boden der Käseschachtel ein Loch, setze das Blechschälchen in die Käseschachtel und befestige es dort mit der Musterklammer.
   Der Knopf der Musterklammer sitzt im Blechschälchen, die beiden „Beine" werden unter der Käseschachtel auseinandergebogen.

5. Streiche den inneren Rand der Schachtel mit Klebstoff ein und setze den Architektenstreifen wie eine Röhre hinein, die gefärbte Seite nach außen.
   Klebe die Röhre an der Seite zu.

6. Der Deckel der Käseschachtel besteht aus einem Papprand.
   Der innere Rand wird mit Klebstoff bestrichen, auf die Röhre gesetzt und festgeklebt.
   Bohre rechts und links in den Papprand ein kleines Loch und befestige den Blumenbindedraht als Bügel daran.

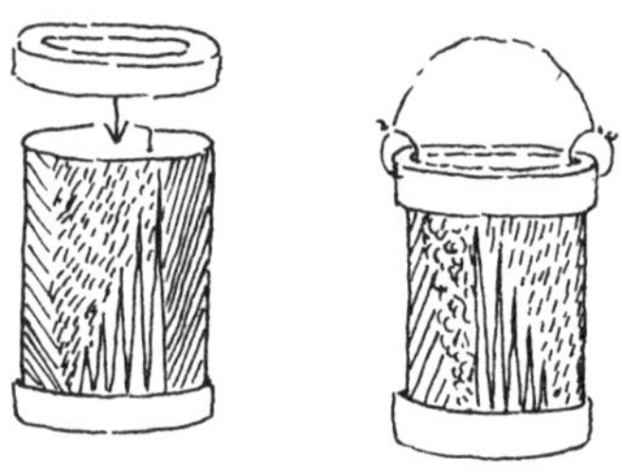

Zum, Schluß setze das Licht in deine Laterne.
Fertig bist du!

(E. Scharafat)